QUELQUES OBSERVATIONS

SUR

LES DOCTRINES

DU JOUR.

Non me lætorum socium, rebusve secundis
Accipis : in curas venio, partemque laborum.
PHARSALE, *livre* II.

PARIS,

IMPRIMERIE DE GAULTIER-LAGUIONIE,

HOTEL DES FERMES.

1829

INTRODUCTION.

On a beau vanter les miracles de l'industrie, la force toujours croissante du crédit, et toutes les prospérités matérielles de notre France; nous ne sommes pas heureux.

Nous le fûmes autrefois, grace à nos mœurs si douces et si fières, à notre gaîté expansive, à *cette humeur sociable, cette ouverture de cœur, cette joie dans la vie*, que le plus grand de nos publicistes met au premier rang des forces de l'état (1).

Nous rions encore aujourd'hui, mais d'un rire amer et sardonique, nous chantons quelquefois, mais des blasphèmes et des imprécations. Notre gaîté a quelque chose d'âpre, de

---

(1) Montesquieu , *Esprit des Lois*, livre 19, chapitre V.

faux, de menaçant; ce ne sont pas là les signes du bonheur.

C'est que nous pensons davantage, répondent en se rengorgeant nos grands docteurs, qui pensent bien moins peut-être qu'ils ne disent; mais est-ce donc que la pensée s'agrandit quand on la chasse du domaine de l'infini? est-ce qu'elle s'élève quand on l'enchaîne à la terre?

Il faut être juste: vous avez su calculer la puissance de la vapeur et l'utilité du gaz; j'accorde que les arches de vos ponts sont hardies, que les alignemens de vos rues sont exacts; vous savez tirer parti de la pierre et du fer; il se peut que vous fassiez des draps, des bas et des bonnets mieux que vos pères; on n'avait point songé avant vous à convertir la chicorée en café, et la betterave en canne à sucre; jouissez de vos gloires, prenez ce qui vous appartient.

Mais ces mouvemens généreux, cet enthousiasme des grandes ames, cette ardeur de la charité, cette gloire attachée à la fidélité, noble héritage de vos pères, qu'en avez-vous fait? Où sont vos Bossuet, vos d'Assas, vos Vincent-

de-Paule? il est vrai que vous avez vos Benja-
min Constant, vos Lafayette et vos Appert.
Un moraliste a dit que toutes les grandes
pensées viennent du cœur; or, est-il des pensées
du cœur qui ne portent un caractère religieux?

Non, non, vous vous êtes interdit à jamais
la grandeur des pensées, vous avez méconnu
les sources du génie, vous avez éteint en vous
le feu sacré, et vous en portez la peine; voyez
vos grands esprits chercher leurs inspirations
dans Barême; voyez vos grands politiques se
traîner servilement entre la sainteté de l'insurrection et la souveraineté du peuple, unanimes
pour détruire, toujours divisés pour édifier

Une grande crise a lieu en Orient; on sai
d'avance tout ce que les docteurs du parti ont
à vous dire sur cette crise: un commentaire des
droits de l'homme, s'ils envisagent la question
grecque; un long parallèle des soies, des grains,
des laines de Crimée, de son caviar, de ses
argiles avec le cuivre de Trébisonde, les pom-
mes et les châtaignes de Sinople, s'ils envisagent
la question russe.

Mais ce qu'il y a de pire, c'est leur éternel

mensonge; on peut affirmer qu'ils ne disent
jamais un mot qui rende exactement leur pensée. Parlent-ils de tolérance, ils pensent à l'oppression du catholicisme; se disent-ils amis du
roi, ils pensent à l'abaissement du trône; pro-
clament-ils la liberté, ils rêvent le despotisme.

Heureusement leur esprit n'a point pénétré
la masse de la nation, elle est encore saine;
il y a chez nous un fond de bon sens et de justice que les déclamations des rhéteurs et les
sophismes des prétendus sages n'ont pas encore
altéré; et comment les Français pourraient-ils
oublier tant d'ineffables douceurs, et de rési-
gnations plus qu'héroïques? Comment ne ver-
raient-ils pas d'un œil d'amour ce trône si
noblement occupé par le roi chevalier, si noblement soutenu par le héros qui fit oublier
Duguesclin à l'Espagne charmée, ce trône à
l'ombre duquel s'élève l'enfant de l'Europe entre
les bras de la fille du roi martyr et la veuve de
ce prince magnanime qui devait être la gloire
de la nation? Ignorent-ils que la voix de la plus
humble infortune a toujours trouvé accès au-
près de ce trône? que ces richesses de l'industrie

dont on leur parle avec tant d'emphase, ces libertés qu'on veut leur ravir en les exagérant, c'est du trône qu'elles sont émanées!

Les ennemis des rois ont eu soin de rendre ce témoignage au monarque si lâchement égorgé par eux, *qu'il était le plus honnête homme de son royaume* (1). Certes sa race n'a pas dégénéré! Rendue à ses peuples par les efforts de l'Europe entière, pour qui les Bourbons étaient devenus la première nécessité, l'a-t-on vue se prévaloir de ce droit de conquête que le patriarche des révolutions mettait au même rang que le droit de naissance (2)? Grace aux Bourbons, il n'est pas, il ne fut jamais sous le soleil de peuple plus libre que nous : on nous parle à chaque instant de garanties, et ne les ont-ils pas prodiguées dans leurs lois, à leurs propres dépens? Ne sont-ils pas eux-mêmes la plus puissante garantie aux yeux de l'Europe, de cette Europe plus unie, plus compacte que les sectaires libéraux ne

---

(1) Ce sont leurs propres paroles , et ils travaillent pour recommencer.

(2) Voyez le début de la Henriade.

voudraient, malgré les divisions passagères nées de leurs artifices!

Oui sans doute, et cette pensée réchauffe mon vieux cœur, la France, la véritable France aime les Bourbons; toute la France aurait signé de son sang une pétition pareille à celle de Cherbourg; toute la France a envié le bonheur des populations de l'Alsace et de la Lorraine en septembre dernier. Malheureusement le bon sens est modeste, autant que le philosophisme est altier : j'oserai dire qu'il manque à cette France qui ne crie point, qui ne s'agite point et sourit de mépris aux cris des agitateurs, qu'il lui manque un peu de ce nerf des nations fortes. Ah! si l'on pouvait compter les voix!.... Mais, comme je le ferai voir ailleurs, le régime où nous sommes est celui où on les compte le moins.

J'essaierai de porter la lumière dans les ténèbres que la France libérale a épaissies autour de nous, j'essaierai de simplifier des questions qui ne sont complexes qu'en apparence, et d'en développer d'autres qu'on a intérêt à revêtir d'une fausse simplicité; je parlerai à ce bon sens national que j'atteste, à cette raison native qui n'est pas notre moindre ressource dans la

(9)

crise où le génie du mal nous a conduits; c'est
le seul tribut que je puisse offrir à mon roi, à
mes contemporains, je le voudrais plus magni-
fique, mais il ne saurait être plus sincère.

DES ROYALISTES

ET

DES CONSTITUTIONNELS.

Pour quiconque jugerait la France d'après ses journaux, ses salons, oserai-je le dire, même ses tribunes , ce pays serait une véritable énigme. Aurais-je le malheur d'en avoir trouvé le mot?

Je vois de grands et rapides mouvemens, j'entends des vociférations ; deux mots sonores et magiques retentissent à mes oreilles. Parmi tout ce bruit, les dénominations de royalistes et de constitutionnels se font entendre ; chacun des partis est, s'il faut l'en croire, la France : en faut-il conclure qu'ils le sont tous deux? impossible ; ou qu'elle n'est d'un côté ni de l'autre? en ce cas, où donc est-elle ?

Mais, avant tout, ces dénominations sont-elles justes? l'état des esprits est-il fidèlement exprimé par elles? avons-nous en effet de vrais royalistes et de vrais constitutionnels ?

Si nous avions de vrais royalistes, nous aurions des hommes qui reconnaîtraient, qui respecteraient l'autorité du roi partout où elle a gravé son empreinte, qui adoreraient le nom même de cette autorité, pour qui roi et patrie seraient deux synonymes, et qui se feraient une joie de sacrifier à cette idole de leur cœur leurs préjugés, leurs ressentimens, ou tout au moins leurs caprices.

Si nous avions de véritables constitutionnels, ils s'arrêteraient, dans leurs emportemens de liberté, devant les barrières que la constitution a élevées; ils n'expliqueraient pas la Charte de Louis XVIII par le Code monstrueux de 1791 ; l'œuvre du roi par l'œuvre d'une faction; ils ne protégeraient pas la diffamation aux dépens de la liberté, de la sûreté individuelle, première condition de toute société ; ils ne prodigueraient pas ce fanatisme d'impiété, qui est un attentat à la liberté des consciences ; ils ne prosterneraient pas la vieillesse aux pieds de la jeunesse pour calmer l'impatience des jeunes ambitions à qui l'obéissance pèse ; ils ne leur montreraient pas les tombes paternelles entr'ouvertes, et ne leur apprendraient pas à calculer, le sablier à la main, combien il reste de temps à la génération ancienne pour s'écouler; et, comme ils ne pourraient concevoir la liberté sans les idées morales qui lui servent d'escorte, ils ne s'attacheraient pas à rompre un à un tous les liens domestiques, tous les liens religieux, tous les liens sans lesquels l'homme n'est qu'un grain de sable que la mort emporte, et qui ne laisse point de trace après lui.

C'est que nous n'avons en réalité ni royalistes ni constitutionnels, nous avons une double hypocrisie, signe d'une même cupidité : jouir, envahir, dévorer la puissance, c'est le royalisme et le constitutionnalisme de nos jours ; pour l'un et pour l'autre les dénominations sont des mots d'ordre, les protestations des moyens, la royauté un vain nom, la patrie une proie.

La révolution avait confondu tous les rangs, l'empire vint montrer que le trône même n'était pas inaccessible aux prolétaires ; 1790 osa placer le bonnet rouge sur la couronne, 1804 à son tour mit la couronne sur le bonnet rouge.

Voilà ce qui attire et enflamme les constitutionnels, telles sont les images qu'ils ont sans cesse sous les yeux. Après qu'un Murat s'est assis sur le trône de Naples, qu'un Bonaparte a dicté impérieusement ses décrets aux rois de l'Europe soumise à sa puissance, le bonheur domestique, une industrie florissante, la médiocrité, l'aisance même, sont choses bien fades.

Dans l'autre camp, bien moins d'audace et de frénésie sans doute, mais aussi peu de patriotisme ; il semblait à quelques hommes que le calme devait les reporter exactement à la même place d'où la tempête les avait précipités ; il leur semblait que la restauration était leur patrimoine, que le roi leur devait en conscience toutes les influences, toutes les illusions, même tous les abus qui les faisaient grands.

Du moment qu'ils ont reconnu le mécompte, ce grand zèle s'est refroidi; ces dévouemens chevaleresques se sont changés en murmures accusateurs, peu s'en faut qu'ils n'aient fait le procès à la Providence qui ne leur avait pas payé tout l'arriéré de leurs anciennes grandeurs. Voilà qui explique cette alliance nouvelle, inexplicable sans cela; elle nous montre avec quelle facilité les deux extrêmes se sont unis, et comme ces grands royalistes ont fait bon marché de la royauté quand ils ont espéré une part au butin.

Il est triste d'avoir à dévoiler les turpitudes de la nature humaine; mais le moyen de connaître la réalité, si l'on n'écarte les apparences? le moyen de sonder la plaie sans la mettre à nu?

Ainsi, battu en brèche par ses infatigables ennemis, abandonné par ses défenseurs naturels, que reste-t-il au trône? d'où lui viendra sa force? c'est ici le lieu de rappeler le *moi* de Médée. Au milieu de toutes ces convulsions, le trône s'affermira, loin de s'ébranler, pourvu toutefois *qu'il ne s'abandonne pas lui-même;* car enfin, il est le seul monument qui soit resté debout, la seule ancre de salut que les passions n'aient pas brisée, la seule nécessité dont la révolution même se soit vue contrainte de rendre témoignage.

Le trône a cela de bon, qu'il est cher aux peuples paisibles, comme le plus puissant boule-

vard de la stabilité, et redoutable aux peuples cor-
rompus, comme le seul foyer de toutes les forces.

Oh! si l'on savait tout le bien qu'un gouvernement fort peut faire aux hommes, si l'on savait ce
que l'habitude de l'obéissance peut sur les esprits,
même sur ceux qui ont perdu l'idée de tout devoir!

Peu s'en fallut que Sylla ne sauvât la liberté
romaine, et pourtant Sylla était un monstre, et
l'on ne voit pas, grace à Dieu, on ne verra jamais
en France de corruption égale à celle de Rome
vieillissante.

Il y a dans la Charte, comme dans toutes les
constitutions, un ressort caché pour remonter
l'état s'il décline; une puissance mise en réserve
pour suppléer à l'impuissance des lois contre les
mœurs; c'est là qu'est le salut de la France, et de
l'Europe entière peut-être.

Intelligenti pauca.

DU ROI

ET

DE LA ROYAUTÉ EN FRANCE.

Il y a quarante ans, qu'un homme trop malheureusement célèbre aplanissait les voies de la révolution par un écrit qui porte ce titre : *Qu'est le tiers-état? rien. Que devrait-il être? tout.* La révolution a disparu, nous dit-on, et sous la monarchie restaurée nous sommes réduits à faire par rapport au roi les questions que l'abbé Sieyes faisait par rapport au tiers-état; on n'a que les termes à changer, car les solutions sont les mêmes.

Qu'est le roi maintenant? Demandez-le à ses nouveaux zélateurs, à ceux qui ne peuvent entendre sans colère qu'on affirme qu'il a des ennemis; demandez-le à ces hommes qui, à chaque concession, exigent une concession nouvelle, qui se servent de ces concessions comme de marche-pied pour atteindre la prérogative royale et la précipiter dans la boue ; demandez-leur ce qu'est le roi?

2

Ils en ont fait une idole muette, impuissante, impassible; action, influence, volonté même, ils lui ont tout ôté : s'il plaît au roi de se mouvoir, de *vouloir* surtout, ce n'est plus le roi pour eux; le roi ne peut mal faire, dit la loi des nations, et de là ils concluent qu'il ne peut et ne doit rien faire.

Et qu'importe qu'ils le proclament inviolable, si pas un acte de lui ne jouit de l'inviolabilité? Que signifie cette inviolabilité matérielle, quand l'inviolabilité morale, la seule qui constitue l'autorité suprême, est nulle? Qu'est-ce qu'un roi sans royauté ?

Encore je dis l'autorité matérielle, comme si ce n'était pas la détruire que de réduire l'autorité à rien. En effet, du moment où le pouvoir a passé à un autre, ce n'est que sous le bon plaisir de cet autre que l'inviolabilité matérielle se maintient.

Les dominateurs du jour veulent bien, en d'autres termes, renoncer à mettre leur roi en jugement; autant en disaient ceux de 1790; et quand, dans leur propre intérêt, ceux d'aujourd'hui tiendraient mieux leur parole, qu'est-ce, je vous prie, pour imposer aux nations, pour tenir la balance entre les partis, qu'un prestige, un simulacre, un nom?

Je me trompe, il n'y a même plus de prestige; tous les jours on travaille à le dissiper, tous les jours et de mille manières on avertit les peuples que la royauté qu'ils paient si *chèrement* est à peine une convenance et n'est pas une nécessité;

d'ailleurs ce mot de prestige est frivole, il n'y a que le pouvoir qui se puisse parer de prestiges ; ôtez à Dieu sa toute-puissance en lui laissant sa toute-bonté, ses autels seront bientôt déserts.

Un état peut-il durer long-temps sous l'empire de l'hypocrisie ? Je ne le crois point. Ainsi il arrivera dans peu ou que la justice reprendra ses droits, et ce sera le dernier jour de l'usurpation; ou que les peuples exercés à compter sur leurs doigts ce que leur coûte un trône, et inhabiles à calculer ce qu'il leur rapporte, tourneront leur pensée vers un ordre nouveau dont le nom réponde mieux à la chose : ce sera le beau jour des gouvernemens à bon marché.

Concluons que dans cette belle France, illustrée, enrichie, fondée par ses ancêtres, le roi n'est rien.

Pour qu'il soit tout, il n'est pas besoin d'innovations, de révolutions, de combinaisons profondes, mettons seulement en pratique nos propres théories; amoureux que nous sommes de *l'ordre légal*, réparons, ramenons la première de nos légalités, il ne faut que se souvenir par qui et dans quel esprit la Charte nous fut donnée; il ne faut que relire quelquefois le préambule de cette ordonnance royale (car c'en est bien une), qui en explique les dispositions mieux que ne feraient tous les commentaires. Louis XVIII n'a pas voulu effacer mais rajeunir les traditions; il n'est pas venu isoler l'époque présente des époques pas-

2.

sées, au contraire *il a renoué la chaîne des temps...*
Pourquoi hausser les épaules à ce témoignage
de respect? Est-ce que vous aussi n'avez point dans
le cœur quelque tradition qui vous soit chère? Est-
ce que le projet de rattacher 1828 à 1790 ne sourit
pas quelquefois à votre imagination? Ne faites
donc plus la guerre à cette religion de souvenirs;
et en effet, un peuple qui répudierait ses vieilles
idées, ses vieilles coutumes, sa propre histoire
enfin, serait comme un enfant qui renierait son
père.

Or, le roi en France, c'était la patrie personni-
fiée, la loi vivante, la règle souveraine; c'était le
centre de toutes les affections, l'objet de toutes les
vénérations, la source de toute autorité, le nœud
du grand faisceau; le roi était tout.

Qu'a-t-il perdu par la Charte? absolument rien
pour qui sait lire la Charte. Car de là que son
gouvernement prend le titre de représentatif,
n'allons pas conclure qu'il soit devenu autre; il
a changé de forme et non pas de nature, il a revêtu
un autre costume plus conforme à nos mœurs,
mais son essence est restée la même. Dans la Charte
comme dans la constitution des anciens temps,
c'est toujours le roi qui est le principe et la fin de
toutes choses. Seul il propose la loi, seul il la
sanctionne, il lui donne d'abord la vie, il lui im-
prime ensuite le mouvement; la loi est sa première
et dernière pensée, il est aussi la source de la
justice et des graces; il tient aussi dans ses mains

le glaive qui défend la patrie au dehors contre des
armées qui voudraient la conquérir, au dedans
contre les malfaiteurs qui voudraient la troubler.
Non, non, vous dis-je, la Charte n'a rien changé.

Malheureusement ce n'est pas à la Charte qu'ils
en veulent; ils jurent par elle, et ne cessent de lui
porter les plus rudes coups; la Charte est tout
entière dans l'article qui définit le pouvoir royal;
celui-là seul est *vital*, car celui-là seul traite du
souverain, le reste n'est qu'organique.

Établissons donc, ou plutôt rétablissons selon
leur vœu *l'ordre légal*; accomplissons la loi, non-
seulement dans quelques dispositions de détail,
mais dans sa véritable essence, soyons de vrais
constitutionnels, et nous serons sauvés.

Il suffirait, je crois, aux zélateurs de l'ordre légal,
d'être bien convaincus qu'en reconnaissant le pouvoir royal tel qu'il est dans la Charte (car on ne
leur demande pas autre chose) ils ne tomberont
pas dans ce péché mortel d'illégalité dont le nom
seul effarouche leur timide conscience; pour ache-
ver leur conviction, je les prie de regarder autour
d'eux, de juger avec impartialité nos véritables
besoins, d'apprécier cette mobilité extrême qui
fut toujours le fond du caractère national et qu'un
demi-siècle d'agitations a rendu plus vive encore;
qu'ils se demandent surtout si, dans ce tumulte
d'ambitieuses espérances et d'ardentes passions,
un frein puissant, un modérateur unique n'est pas
plus nécessaire que jamais. Qu'ils daignent réfléchir

qu'une population qui a vu du sein des échoppes et des cabarets surgir tant de grandeurs improvisées, ne se réconcilie pas facilement avec une situation modeste; qu'ils apprennent que lorsque l'égalité est dans les mœurs, un accroissement de forces doit passer dans les lois, et qu'enfin des peuples industriels doivent plus que d'autres aimer la monarchie qui attire, qui multiplie les raffinemens de la civilisation.

Mais j'ai grand peur de prêcher des convertis; j'ai grand peur que tout cet appareil de raisonnemens et de phrases ne cache une sourde conspiration au lieu d'éclairer une doctrine.

Dieu veuille que mon jugement me trompe; mais à considérer l'opulence et les lumières des meneurs, il est difficile de croire qu'ils pensent tout ce qu'ils annoncent, et tous ces grands efforts pour une révolution dans les choses pourraient bien n'aboutir qu'à une révolution dans les personnes.

Je le répète, le roi n'est rien! pour le salut de la France, il faut qu'il soit tout.

DE LA RÉVOLUTION

(CAR IL N'Y EN A QU'UNE).

§ Ier.

L'homme n'est ni perfectible indéfiniment, ni indéfiniment corruptible : nos docteurs philosophes ont beau dire, et leurs adeptes ont beau faire, sa carrière est bornée dans le mal comme dans le bien. Dix-huit siècles avant que Prud'homme eût pris pour épigraphe ces mémorables paroles qui renferment toute la révolution : « les grands ne « nous paraissent grands que parce que nous som-« mes à genoux ; levons-nous !.... » Catilina disait à ces complices : «Ces hommes que vous croyez « grands, vous seriez leurs maîtres, si la répu-« blique n'était pas un vain nom (1). »

Pour qui envisage le fond des choses, l'esprit révolutionnaire n'a point d'âge, il est né en même temps que l'homme, il est la pensée originelle de l'homme ; heureusement Dieu a mis à côté de ce

---

(1) Salluste, conjuration de Catilina.

germe infernal, un germe divin; mais ce dernier
est lent à croître, il ne se développe qu'à force de
soins, après bien des épreuves. Caïn bâtit des villes, mais il avait auparavant tué son frère.

Comme l'esprit conservateur représente toutes
les vertus acquises, l'esprit révolutionnaire rèpré-
sente tous les vices naturels; c'est l'orgueil, l'envie,
la haine de la loi, la soif insatiable des jouissances
et de la domination; car ne pensez pas que l'amour
de l'égalité entre pour quelque chose dans les
révolutions. C'est un préjugé des esprits simples
qui ne se doutent pas combien en l'accréditant ils
favorisent leurs ennemis. Croyez - moi, les révolutionnaires ne veulent être les égaux que
de leurs supérieurs. Mais ne craignez pas qu'ils
vous démentent jamais quand vous leur imputez
ces beaux projets d'égalité. Par cette imputation,
vous leur donnez vous-mêmes des moyens d'acquérir de la popularité sans frais, vous leur four-
nissez la séduisante formule qui cache leurs entreprises véritables.

J'admire les érudits qui travaillent à rechercher
l'origine de la révolution française; selon les uns
elle date de Voltaire et de J.-J. Rousseau; d'autres
la font remonter aux saturnales de la régence;
d'autres au meurtre de Charles Ier; d'autres à la
réforme religieuse. Puériles investigations! Car qui
avait accrédité les sophistes du 18e siècle ? Qui
avait préparé la corruption de Philippe et de sa
cour ? Qui avait disposé les esprits d'une nation

grande et généreuse à rester impassibles témoins
d'un horrible assassinat ? Et Luther fut-il le premier qui osa flétrir la pourpe romaine ? Non, non,
ce n'est point à l'érudition historique de nous
expliquer ce lamentable phénomène ; la chronologie
est impuissante à montrer sa véritable cause et
son plus énergique mobile. Fouillons dans les pro-
fondeurs du cœur humain, descendons en nous-
mêmes, et la solution du problème nous paraîtra
claire comme le jour. J'insiste sur ce point, parce
qu'il est capital et fondamental ; je veux que l'on
se pénètre des faciles vérités que j'énonce, parce
que le remède est toujours dans la connaissance
du mal : quand on sera bien convaincu que l'esprit
de révolution n'est autre que l'esprit de rapine,
de désordre, de brigandage et de tyrannie ; quand
il n'y aura pas deux vocabulaires pour les mêmes
idées, et que le plus niais ou le plus prévenu ne
pourra s'empêcher de traduire le mot *révolution*
par ses vrais synonymes, il ne restera plus qu'à
élever un drapeau, quiconque ne s'y ralliera pas
aura déclaré lui-même qu'il n'est pas honnête
homme.

La révolution française ne diffère donc point
par sa nature des révolutions qui l'avaient précé-
dée, elle n'en diffère que par son énergie, son
intensité, sa puissance ; il faudrait l'appeler le
point de maturité de la révolution humaine.

Avant elle on a vu sûrement des conspirations
contre l'ordre et la propriété ; on a vu des rois détrô-

nés et des soldats devenus rois : mais cette ligue
subite de toutes les passions basses et violentes
contre l'ordre, la propriété, la liberté ; cet accord
presque unanime des esprits en faveur de la mort
et de l'enfer, il était réservé à la révolution française de l'établir non-seulement en fait, mais encore de l'ériger en système ; elle seule a dressé des
chaires pour enseigner l'athéisme et le crime, elle
seule a converti le désordre en loi et a fait une
règle de l'horreur des règles. Je me souviens
d'avoir vu dans mon enfance des caricatures qui
représentaient le monde renversé ; on y voyait le
fils fustigeant le père, le maître servant à boire à
son valet, des hommes attelés aux carrosses et traî-
nant des chevaux : je riais alors ; quelques années
s'écoulèrent, et le monde renversé devint le monde
véritable.

Je ne parlerais pas ainsi, je ne rouvrirais pas
d'aussi douloureuses plaies, si la révolution n'avait
fait que passer, ou qu'elle fût restée ensevelie sous
le poids de sa honte, sous les trophées de la restauration.

Mais il faut bien le dire, après l'avoir crue morte,
je la vois pleine de vie et de vigueur, je l'entends
qui me parle comme aux temps de sa toute puissance, je reconnais la férocité de son geste, la
hauteur de ses commandemens et jusqu'à l'hypocrisie de ses caresses ; c'est elle, c'est bien elle, la
voilà tout entière, car pourquoi épargner aux
rois d'effrayantes vérités ? pourquoi les bercer

sur des abîmes ? Que si l'on me demande quel but
elle se propose et où elle ira maintenant, je répondrai : Où elle est déjà allée !..... C'est une dictature nouvelle qu'elle prépare, elle est grosse d'un
autre Bonaparte; et ne croyez pas qu'elle ait honte
de sa fécondité; elle la prévoit, elle la connaît,
elle sait vers quel esclavage nouveau, vers quelles
pesantes chaînes son instinct la conduit; mais
en chemin elle se sera satisfaite, elle aura bu du
sang, elle se sera gorgée d'or; puis elle sera quitte
pour cuver ce sang, pour convertir une partie de
cet or en décorations théâtrales. Car que les
esprits abusés y prennent garde, que les quakers
de la révolution, s'ils ne sont pas hypocrites, com-
prennent une bonne fois la divinité qu'ils encen-
sent. Tout ennemie qu'elle est des lois, il y a
pour elle une loi que toute sa violence ne peut
enfreindre, que tout le génie de ses docteurs ne
saurait éluder; une main plus puissante que la
sienne a tracé le cercle dans lequel il faut qu'elle
tourne : l'insurrection d'abord et les signaux du
tumulte, puis les assassinats, puis le partage
des dépouilles, puis un moment de torpeur comme
le sommeil du *boa* quand il est repu; puis un
aventurier adroit monte sur le colosse, et s'en
sert à la fois comme d'un instrument de guerre et
d'un piédestal; puis insensiblement le réveil des
passions endormies, le retour à l'instinct primitif,
saturnales nouvelles, épouvantables cris de mort;
jusqu'à ce que, abattue sous une nouvelle dictature

qui s'empare de ses horribles succès, elle se ré-
signe contenue par les chaînes du despote, ou que
Dieu justement courroucé renouvelle contre des
générations incorrigibles, le miracle de Sodome.

J'ai parlé de la fécondité de la révolution, je
veux en parler encore; peut-être le tableau hideux
de cette fécondité dessillera les yeux fascinés, peut-
être en parcourant avec moi ce tableau tracé par
des événemens tout récens, quelques esprits en-
traînés par de faux guides s'arrêteront sur le seuil
qu'ils sont près de franchir.

Ce moyen seul me reste, puisque le plus puissant
de tous m'est ôté. Je n'oserais parler de Dieu à
tant d'esprits superbes qui ne voient en Dieu qu'un
incommode souverain, qu'ils ne peuvent déposer.

Je puis parler au moins des intérêts matériels et
positifs; on entendra ce langage, peut-être.

§ II.

Le patriarche de la révolution n'a rien su imaginer de mieux pour la gloire de son idole, que
de la proclamer auteur des gouvernemens *à bon
marché;* dans ces trois mots magiques *à bon marché,* il trouve la réfutation de toutes les plaintes et
la compensation de tous les crimes. On a été vexé,
torturé, dépouillé : soit, mais on a gagné *le bon
marché;* une nation a perdu son moral, c'est-à-dire
le vrai principe de son existence : cela peut être,
mais elle est gouvernée *à bon marché.* Avec ces
trois mots on ferme la bouche à toutes les victimes,
on efface toutes les traces de sang, ces trois mots
sont l'équivalent du *sans dot* de *l'Avare;* ce n'est
pas tout, ils sont aussi la sanction d'un autre pré-
cepte du grand homme, lequel définit *l'insurrection
le plus saint des devoirs;* car le bon marché, comme
on voit, étant le résultat définitif de l'insurrection,
les peuples trouvent dans les révolutions un devoir
accompli et un bénéfice certain. On ne saurait
mieux concilier la politique et la morale !

Il s'ensuit que l'intérêt des peuples leur con-
seillerait de se mettre en révolution lors même que
la vertu ne leur en ferait pas une loi, et qu'il ne
peut arriver rien de plus favorable à une génération que le bouleversement de tout ce qu'elle a
trouvé établi; il s'ensuit qu'en dispersant elle

sème, qu'en desséchant elle féconde, qu'en brisant tout elle fait fortune. S'il en est ainsi, jetons au feu toutes les histoires, ce sont des menteuses qui attestent précisément le contraire de ce que la raison supérieure de nos grands hommes nous prescrit; déclarons solennellement qu'il n'est pas vrai que l'impôt soit, pour une population donnée, à peu près les deux cinquièmes en Autriche de ce qu'il est en France. Moquons-nous des sots calculateurs qui, comparant les budgets actuels à ceux de l'ancienne monarchie, trouvent que nos dépenses sont au moins doublées ; invoquons hardiment l'autorité de l'Angleterre, notre devancière dans les voies de la révolution, et si quelqu'un s'avisait de nous dire que cette même Angleterre, qui avant sa *glorieuse révolution* ne devait pas vingt millions de notre monnaie, doit aujourd'hui plus de vingt milliards, répondons sans biaiser que cette dette est une richesse.

Il y a de par le monde un rêveur qu'on nomme *Montesquieu*, lequel avait eu l'audace de dire et même de prouver, qu'*en règle générale*, plus on approche de la république, plus les impôts deviennent pesans, ce qui semblerait insinuer que de tous les gouvernemens possibles, le monarchique est celui qui a le plus de droits au titre de gouvernement à bon marché ; laissons là ce vieux débris, cette autorité surannée qui n'a pu résister aux coups que lui a portés le sous-bibliothécaire Mas-

sabiau. Aussi bien ne sait-on pas que ce jeune
siècle a la mission de tout refaire!

Mais il y a une exception que le patriarche ne
saurait oublier. Cette exception occupe depuis
cinquante ans une si grande place dans son esprit,
qu'elle ne permet point à d'autres idées de s'y in-
troduire, ou plutôt qu'elle est devenue l'idée fixe
du personnage, sa monomanie, si j'ose le dire.
Parce que les magistrats d'un pays qui n'est pas
encore constitué (1) n'étalent pas un luxe royal,
il s'est figuré que la royauté parmi nous pouvait
tout aussi bien dépouiller cet appareil qui la distingue des autres conditions; qu'un bon bourgeois
ferait fort bien l'office de chef de la nation sans
toutes ces pompes, et qu'il recueillerait comme un

---

(1) Certaines gens ne me comprendront pas, ou croiront
que je n'ai rien lu; quoi! diront-ils, les États-Unis non
constitués! eux dont la constitution a précédé leur existence
politique, et a même servi de modèle à cette fameuse dé-
claration des droits, où les réminiscences de M. de La
Fayette jouent un si beau rôle! Quelle absurdité ou quelle
moquerie!! Je ne me crois point absurde, et je ne raille
point; il faut brûler tous les livres, il faut même renoncer
au bon sens, qui en sait plus que les livres, pour s'imaginer
que les rapports de la population à l'étendue territoriale
soient des élémens étrangers à la constitution d'un pays.
Jusqu'ici le gouvernement américain ressemble à quelqu'un
qui *emménage*, attendons qu'il soit tout-à-fait en possession
de son local; attendons qu'il ait vendu toutes ses savanes
et que les intérêts individuels aient subi l'épreuve des frot-
temens. Jusque-là on ne peut pas dire que l'Amérique du
nord soit définitivement constituée.

autre le respect et l'admiration des peuples quand
il daignerait se montrer à eux dans son carrosse
ou sur son cheval blanc. Malheureusement le
patriarche a oublié le plus implacable ennemi des
vanités bourgeoises, le plus sûr, peut-être l'unique
auxiliaire de la raison, je veux parler du *ridicule;*
il a oublié que nous sommes un peuple moqueur,
devant qui le manteau nacarat de nos pentarques
et même la pourpre de nos triumvirs n'a pas trouvé
grace. Car il y a deux instincts dans l'instinct français, un instinct viril et un instinct féminin, si j'ose
le dire; c'est ce dernier qui lui fait apercevoir si
vite le côté ridicule des choses, et heureusement
il nous reste encore. Je veux pourtant qu'il
cède aux sublimes conceptions de nos libéraux, et
que nous soyons destinés à courber un jour la
tête devant la sonnette d'un vénérable avec autant
de respect que devant le sceptre d'un roi; mais
a-t-on bien calculé, car c'est surtout de calcul
qu'il s'agit, ce qu'il en coûterait avant d'en
venir là? Tous les esprits ne sont pas mûrs pour
le grand œuvre, tous les cœurs ne sont pas em-
brasés du feu sacré; ces vieilles traditions, ces vieilles
croyances auxquelles on fait si bonne guerre, sont
encore pleines de vie. Sous peine de s'abuser soi-
même, il faut bien s'attendre à des résistances.
J'affirme qu'il y en aurait de longues, de violentes,
de terribles, et sans me piquer d'être habile cal-
culateur, il me semble que les premiers frais de
l'établissement ne seraient pas légers, que la for-

tune publique pourrait bien y passer, et en même temps bien des fortunes particulières ; qu'à tout prendre, enfin, le gouvernement à bon marché nous coûterait assez cher.

Mais est-ce tout ? Et le gouvernement à bon marché une fois établi *per fas et nefas*, n'y aurait-il qu'à s'endormir à l'ombre de ses lauriers, à savourer les délices d'une aussi belle conquête ? Hélas ! toute difficile qu'elle soit, je penche à croire que la conservation en serait plus difficile encore. Pour acquérir, il a fallu dompter les habitudes toujours opiniâtres : pour conserver, il faudrait concilier les ambitions toujours ennemies, et que l'absence des principes religieux rendrait plus ardentes que jamais ; que dirai-je de la ligue des intérêts du dehors et de tous les obstacles enfin qu'il suffirait d'indiquer ? car je ne raisonne pas, je raconte.

Pour dédommagement on nous offre les miracles de l'industrie, on nous décrit avec emphase la puissance de la vapeur, la perfection des machines, l'invention du gaz, les routes en fer, les canaux et les ponts ; je ne sais même si les *omnibus* et les *dames blanches* n'entrent pas en ligne de compte. *Qu'on agisse, qu'on s'évertue ; le travail, le travail,* en lui est toute la richesse et toute la morale ; une ruche, une fourmilière, ce sont les plus touchantes images des sociétés humaines ; un mouvement sans fin, une rotation perpétuelle, c'est bien là leur destination. Eh quoi ! n'y a-t-il donc pas de travail mauvais ? N'a-t-on jamais réfléchi, après un long travail, que le repos aurait valu davantage? Mais ce travail éternel va contre son principe; voilà des machines qui remplacent la bras de l'homme, et les bras oisifs qu'en ferez-vous? Êtes-vous certains qu'une fabrication nouvelle doit surgir à point nommé pour les occuper? *Produisez, produisez,* quoi qu'il arrive, disent-ils, ne vous lassez pas de produire : mais si les débouchés manquent? *Consommez vous-mémes;* qu'on voie le charbonnier en bas de soie, et la chiffonnière en dentelles. On refuse vos vins de Bordeaux et de Champagne, *buvez-les sans les exporter,* vous en serez plus gais et plus dispos; fort bien, mais si les dentelles et les soieries deviennent par leur bas prix à la portée des dernières classes, où trouverez-vous qui veuille planter le mûrier et raffiner le lin? Si le Champagne et le Bordeaux se vendent comme le Brie et le Surêne, où trouverez-vous qui veuille planter et cultiver la vigne?

Il y a dans le tourbillon industriel quelque chose qui rappelle la république d'Alger. Les entreprises s'y succèdent, comme les innovations, avec une rapidité effrayante : tel qu'on voit aujourd'hui au sommet de la roue, sera demain écrasé sous son poids; un peuple d'ambitieux s'élève qui n'aspire qu'à se supplanter, à se détruire l'un l'autre; *qu'importe, nous dit-on,* pourvu que l'industrie grandisse au milieu de ces concurrences éternelles? Cet entrepreneur est à la besace; cet autre qui l'a ruiné sera bientôt ruiné à son tour par un plus heureux ; qu'est-ce que cela fait à la chose publique ? Il n'y a pas un écu de perdu ; ce qui manque à la poche de l'un se retrouve dans la poche de l'autre, et le bien-être général naît de tous les désordres particuliers.

Telle est la philosophie de ces messieurs, et je veux croire qu'elle ne se démentira pas dans l'occasion, et que pour faire honneur à ses principes tel banquier riche à millions se résignerait à voir passer son opulence dans les mains de son commis : mais n'est-ce donc rien pour l'état que cette instabilité des conditions, ces transformations sans terme ?

Au milieu d'une confusion pareille, sur quelles bases se fonderont les mœurs ? Sur quelles garanties reposeront les lois ? Est-ce un esprit de civilisation que ce changement indéfini, ce sentiment d'incertitude, ce mépris des choses établies et des droits acquis, cette humeur aventureuse et inquiète, cet insatiable désir de tout oser ? Et dans quel but, et pour quel prix ?.. Ici commence la plus redoutable épreuve du système : de ce point, si l'on veut le considérer avec attention, jaillit la lumière qui doit en éclairer toute la difformité.

J.-J. Rousseau avait dit, dans son *Émile* (1), « que l'homme et le citoyen, quel qu'il soit, n'a « d'autre bien à mettre en société que lui-même,

_____

(1) Livre III.

3.

« et que tous ses autres biens y sont malgré lui ;

« que la dette sociale lui reste tout entière tant
« qu'il ne paie que de son bien ; que si son père
« en le gagnant a servi la société, il a payé sa dette
« et non pas celle de son fils ; que celui qui mange
« dans l'oisiveté ce qu'il n'a pas gagné lui-même,
« le vole ; qu'un rentier que l'état paie pour ne
« rien faire, ne diffère guère d'un brigand (1) qui
« vit aux dépens des passans ; que travailler est
« un devoir indispensable à l'homme social, et
« que riche ou pauvre, puissant ou faible, tout
« citoyen oisif est un fripon. »

C'est sur de tels principes qu'un fou, qui, à la
gloire du siècle des lumières, est devenu chef de
secte, a prétendu que tout commis intelligent doit
disposer des fonds du banquier qui l'emploie, et
que c'est au propriétaire à recevoir pour l'exploitation de ses terres les ordres du valet de charrue(2).

Heureusement les hauts seigneurs industriels
professent ces belles maximes sans les pratiquer,
mais ne pensent-ils jamais aux conséquences im-
médiates ? Ne rêvent-ils jamais, dans leur lit somp-
tueux, de quelque disciple de Jean-Jacques ou de
Saint-Simon venant leur demander, au nom de la
loi fondamentale, la part qui lui revient de leurs
richesses ? Car si le riche oisif est un voleur, le

(1) La conséquence naturelle est la banqueroute ; la république ne s'y est point trompée.
(2) Saint-Simon l'Industriel.

riche qui ne travaille pas autant qu'il pourrait est un voleur aussi par rapport au pauvre qui travaille plus que lui.

Horace, qui n'a jamais, que je sache, passé pour un novice dans la connaissance du cœur humain, donne pour but à tous les travaux pénibles le repos. Ce soldat, ce laboureur, dit-il, cet armateur téméraire qui brave les écueils et les tempêtes, que veulent-ils ? acquérir assez de bien pour se passer un jour de travail.

> . . . . Hâc mente laborem
> Sese ferre, senes ut in otia tuta recedant
> Aiunt, cum sibi sint congesta cibaria. . . . . (1).

Mais dans le système industriel ce temps n'arrivera point, il faudra compter : vous vous reposez à cinquante ans, voyez ce bûcheron qui travaille encore à soixante; vous voilà sexagénaire et vous ne pouvez, il est vrai, supporter de grandes fatigues, soit, mais il en est de moindres; laissez la hache et la truelle, on vous l'accorde, mais la navette, la quenouille, sont-ce des fardeaux trop lourds ? Vous ne suffiriez plus à la direction des

---

(1) HORACE. Ils disent qu'ils supportent le travail dans cette intention, qu'étant vieux ils puissent se retirer dans un loisir et un repos assuré, quand ils auront amassé des provisions pour leur vieillesse.

bureaux, mais voilà un registre et des plumes tail-
lées, à votre âge l'on copie encore.

Dans le fait, la doctrine du travail *perpétuel* va
droit à l'imitation des Massagètes et des Caraïbes.
Courage donc, braves philosophes, armez-vous du
glaive et du casse-tête, et purgez la terre de ces
inutiles vieillards ; aussi bien en les avilissant, leur
avez-vous rendu la mort désirable.

La vie contemplative est surtout en horreur à
ces messieurs, et en cela il faut avouer qu'ils se
montrent conséquens, puisque c'est la vie parfaite
selon l'Évangile ; ils ont mis en honneur cet adage,
qui travaille prie, mais ils n'ont pas voulu reconnaître celui qu'il contient, savoir, que *qui prie travaille* ; pourtant prier c'est attirer la bénédiction
de Dieu sur les travaux de la terre, connaît-on
quelque travail plus fructueux ? On ne peut échap-
per à ce raisonnement sans afficher cette doctrine
d'un adepte, que *Dieu est un mot* (1). Ainsi l'on a
beau faire : la grande idée, l'idée mère des révolutions se fait immanquablement jour à travers tous
les voiles dont on essaie de l'envelopper.

Je ne crois pas m'être écarté de mon sujet, qui
n'était autre que de constater le dommage causé
par l'esprit de révolution, même aux intérêts matériels ; vous avez vu qu'il les opprime en paraissant les favoriser ; qu'il rend la propriété illusoire
en paraissant élargir les voies qui nous y condui-

---

(1) Louvel.

sent ; qu'en nous stimulant au travail, il ôte au travail son but et son prix ; c'est ainsi que sous la
hideuse main de la révolution tous les biens se
changent en maux, que ses libéralités sont des oppressions, et ses promesses des menaces : elle affiche
la liberté des consciences et crée des incapacités
contre les opinions religieuses ; elle proclame que
la vie privée du citoyen *doit être murée*, et forme
des entrepôts de calomnie ; sachant très bien qu'un
droit qu'on n'est pas libre de ne pas exercer, n'est
plus un droit, elle invente pour la puissance
électorale, cette *souveraineté originaire*, une dé-
pendance qui la dénature et la déplace en effet.
Après avoir singulièrement accru par le relâche-
ment des mœurs ces populations parasites qui pè-
sent sur l'état et sur les familles, elle fait la guerre
au système colonial ; c'est-à-dire qu'elle renferme
les populations dans un espace qui va toujours s'é-
trécissant, afin d'avoir le plaisir de les voir un jour
se dévorer elles-mêmes. Rien de stable ni d'assuré :
de continuels orages, des droits qui sont des chaîne, un travail sans repos, puis le néant, voilà ce
qu'elle promet à ses adeptes ; c'est pour la société
comme elle la conçoit, comme elle parviendra
peut-être à la façonner, qu'il semble que le Dante
ait composé sa fameuse épigraphe : *Ici l'on dé-
pose toute espérance...*

Aussi, et j'en rends grace à l'Auteur de toutes
choses, hors notre pauvre France, cette terre clas-
sique des engouemens et des fascinations, partout

où la révolution est seulement projetée, ses chemins s'affaissent quoique pavés de têtes humaines, ses racines meurent même arrosées de sang : à Turin, à Lisbonne la vue d'un roi, à Naples la vue d'un escadron autrichien, à Cadix le bruit des fanfares françaises la force de retourner dans ses cavernes ; les pirates de la Grèce la secondent sans la connaître, tout prêts à la dépouiller elle-même et à la vendre au besoin.

Il lui restait l'Amérique espagnole, où certes l'on ne peut douter de ses influences, tant elle y a amoncelé de ruines, détruisant les académies, les bibliothèques, les établissemens scientifiques, le tout par amour pour les lumières (1); renversant jusqu'aux établissemens ruraux qui favorisaient les exploitations de l'agriculture et du commerce (2), incendiant les machines nécessaires à l'exploitation du minerai (3), réduisant à rien le produit de ces opulentes mines, si bien que le Pérou, forcé de mendier l'argent de l'Europe, est hors d'état de faire honneur à ses emprunts; mais voilà que l'Amérique elle-même conspire et enchaîne la révolution, un soldat parvenu termine ce long drame par le despotisme du sabre, péripétie natu-

(1) Voir tous les voyages entrepris dans le Nouveau-Monde depuis la révolution de 1810.

(2) M. Mollien, Voyage à la Colombie, tome II, pages 202 et 203.

(3) M. Belloc, Voyage au Mexique, page 113.

relle, inévitable dénoûment. C'est là ce qu'on propose au monde entier comme la perfection de la politique et le gouvernement à bon marché ; c'est le messie et l'âge d'or que les libéraux annoncent aux nations ignorantes et crédules : cet âge d'or, c'est le chaos ; ce messie, c'est Satan.

D'UNE BIZARRERIE

DE LA RÉVOLUTION.

Un des caractères distinctifs de la révolution, c'est de prodiguer le serment. Nous l'avons vue, en 1790, jurer amour à la nation, à la loi et au roi; en 1793 elle jurait haine à la royauté; en 1795 elle jurait haine à la constitution de 1793; en 1800 elle jurait fidélité au consulat décennal; en 1802 elle jurait fidélité au consulat à vie; en 1804 elle jurait fidélité à l'empereur et à sa dynastie; en 1814 elle jurait fidélité à sa Charte royale et aux Bourbons; en 1815 elle jurait fidélité à l'acte additionnel qui proscrit expressément l'auteur de la Charte et les Bourbons (1). Maintenant elle revient à cette Charte si dédaignée, et lui jure tous les jours un entier dévouement.

A cette passion pour les sermens, on croirait que la révolution se plaît à rendre témoignage contre ses propres dogmes; car, après tout, le serment c'est la reconnaissance d'un pouvoir supérieur au souverain même, d'une loi préexistante aux lois

(1) Acte additionnel, article 67.

civiles, d'un lien secret entre l'ordre visible des sociétés humaines et l'ordre invisible des choses d'en haut : aussi, le serment est-il aussi ancien que le monde. On le trouve dans toutes les civilisations naissantes, comme la garantie primitive des lois contre les passions ; on le retrouve dans le débris des civilisations, comme ces monumens qui attestent au milieu des déserts la grandeur des générations éteintes par les siècles ; son autorité survit à l'autorité même des lois pour le maintien desquelles il fut institué (1), et ce n'est pas vainement que dans la langue du peuple-roi il se nommait *sacramentum* ; le serment enfin, quelle qu'en soit la formule, de quelques paroles qu'il se compose, dit précisément tout ce que la révolution nie, manifeste tout ce qu'elle voudrait cacher au monde et se cacher à elle-même, révèle à l'homme tout ce qu'elle tente d'effacer de la conscience du genre humain. On rapporte qu'il y a des peuplades de l'Afrique qui ne rendent hommage qu'au diable, parce qu'il est méchant, et par conséquent plus à redouter que Dieu ; elles jurent donc par cet être souverainement méchant, et par cela même attestent l'être souverainement bon.

Mais se peut-il que la révolution se fasse ainsi

(1) Témoin le projet formé par le peuple romain, lorsqu'il se retira sur le Mont-Sacré, de tuer les consuls auxquels il avait prêté serment, pour s'épargner la douleur de le remplir ou la honte de l'enfreindre.

contre-révolutionnaire ? Elle a trop d'expérience
et d'industrie pour cela, et comme je le disais, ce
n'est là qu'une apparente bizarrerie. Où l'on voit
au premier coup-d'œil des contradictions, il ne
faut voir que des dérisions : alors tout s'explique.

Ainsi, vous remarquerez que c'est toujours à la
veille de détruire une institution, que les révolutionnaires ont pris Dieu à témoin de leur amour
pour elle. C'est là un de leurs plus subtils raffinemens, et qui fait le plus d'honneur aux lumières
du siècle. Voyez-les en 1790, quand la mort du
père de la patrie était résolue, préluder à leurs
attaques par une parodie de la première fédération ;
jamais enthousiasme plus vif, plus général que
celui de l'assemblée législative, lorsque sur la mo-
tion de Lamourette on exécra solennellement la
république et les deux chambres ; ce furent des
élans, des transports, des embrassemens, des ef-
fusions à faire verser des larmes : un mois après
Louis XVI n'avait plus d'asile, que la tour d'où il
ne devait-sortir que pour monter sur l'échafaud.

Ils ont trouvé plaisant de se railler de leur favo-
rite même, la constitution de 1793 ; voyez l'élite
des jacobins accourir de toutes parts au mois de
juillet, et saluer de ses *huzzas* l'enfant nouveau-
né ; au mois de décembre, on décrétait le gouvernement révolutionnaire, lequel concentrait les pou-
voirs autant que la constitution de 1793 les avait

divisés; les auteurs du dix-huit brumaire signalè-
rent cette double usurpation par un serment à la
république; ainsi vous n'êtes jamais plus sûrs de
voir éclater quelqu'un de leurs complots que lorsqu'il leur prendra un redoublement de respect et
d'admiration pour les choses établies (1).

---

(1) Je ne voudrais pas répondre qu'il existe un serment secret,
connu seulement des adeptes : en ce cas tous leurs faux sermens ne seraient que la conséquence d'un serment véritable;
il faut leur rendre cette justice, qu'ils s'y montrent fidèles. Ce
serment n'est pas d'amour, mais de haine; il les engagerait à tout
faire pour abaisser, avilir, ruiner notre France, la ruiner
surtout, j'insiste sur ce mot. Car à qui le tort de notre immense
dette; à qui le tort de nos frauduleuses banqueroutes; à qui
le tort de la perte de nos colonies; à qui le tort de la chute de
nos anciennes barrières, qui nous protégèrent si long-tems
contre toute invasion? Puis on vendrait à quelque nation ennemie les débris et le nom de cette belle France; prenez garde
que je n'affirme rien; que je conjecture; dans cet amas de contradictions, je cherche une vraisemblance. Voyez en effet leur
prédilection constante pour les étrangers; certainement dans les
mœurs républicaines un étranger était comme un ennemi, mais
les mœurs sataniques ne sont pas républicaines, leur premier
instituteur fut un Génevois; un Génevois fut encore leur premier idole. C'était un Corse que leur maître à tous. Quand ce
Corse eut disparu, qui voulurent-ils mettre à sa place? un
étranger. C'est pour avoir l'honneur d'avoir un monarque
étranger, qu'ils sont venus en supplians au camp de la Sainte-
Alliance pour en faire la demande. Ce que nos grands patrio-
tes haïssent le plus, ce sont les fils aînés de la patrie, c'est le
plus pur sang français. Maintenant, qu'on me dise si cette haine
est naturelle, s'il est un autre moyen de l'expliquer, que par
quelque infernal trafic, quelque hideuse spéculation, sur le

Et ne dites pas que c'est là seulement une ruse de guerre; car il y a de plus cette volupté suprème de se jouer de Dieu et des hommes, de défier à la foi les vengeances des peuples et les foudres du ciel. Il y a surtout cet avantage immense, d'implanter dans tous les cœurs le mépris de ce que les siècles ont respecté; car enfin, et je signale l'une des plus profondes et des plus douloureuses plaies de mon pays, ce n'est pas impunément pour le repos des familles, pour la stabilité des engagemens, pour la sûreté des transactions particulières, que la politique a si souvent commandé ces atroces dérisions : j'en appelle à la conscience de chacun, quand la bonne foi fut-elle plus rare? quand les précautions de tous genres, et pour toutes choses, se montrèrent-elles plus nécessaires?

Malheureusement nous ne sommes pas encore au fond de l'abîme, l'imagination conçoit de pires corruptions et des dégénérations plus terribles. Et que serait-ce, grand Dieu! si l'esprit de mensonge et de parjure se glissait dans le sanctuaire de la justice, si l'on voyait des tribunaux nier des outrages faits à la personne du roi qui seraient dans toutes les pages d'un libelle, si l'on voyait des jurés reconnaître comme non avenus des faits avoués par les coupables! Hélas! juges et jurés auraient pourtant prêté le serment de prononcer d'après leur conscience.

---

partage du butin : oh que nous connaissons peu les événemens dont nous avons été les témoins; et que Dieu tient en réserve de terribles révélations pour notre postérité !.....

DE LA JEUNESSE

DANS LE SIÈCLE DES LUMIÈRES.

Par la loi de nature, c'est à la vieillesse de con-
seiller, à l'âge mûr de commander, à la jeunesse
d'exécuter, c'est-à-dire, d'obéir (1).

Mais la loi de nature est une loi trop vulgaire
pour ce siècle de lumières; elle a, il est vrai,
gouverné le monde depuis que le monde existe;
elle a servi de type à toutes les législations; républiques et monarchies en ont fait la base de leurs
institutions; elle est écrite dans les dénominations
politiques, dans les appellations sociales, dans les
étymologies grammaticales; vous ne pouvez saluer
un homme du nom de *monsieur* sans attester cette
loi; les titres de *sénateurs*, de *seigneurs*, *gérontes*,
anziani, en sont autant d'éclatans témoignages;

---

(1) Credebant hoc grande nefas, et morte piandum ,
   Si juvenis vetulo non assurexerat , et si
   Barbato cuicumque puer. . . . . .
                    JUVÉNAL , *Satire* XIII.

4

et pour confirmer un exemple par l'exemple op-
posé, dans cette langue si philosophique et si rai-
sonnable de l'ancienne Rome, pendant qu'un
même mot signifie *patronage* et *paternité*, un
même mot exprime aussi *enfance* et *servitude* (1).

Une loi tout nouvellement fabriquée est venue
abroger cette ancienne loi : de sa pleine puissance
cette loi nouvelle confère aux passions la sagesse,
et décerne à la force physique l'autorité. Cette loi,
c'est l'opinion du *siècle des lumières*.

Qu'on ne nous parle plus du respect que com-
mande la vieillesse, c'est la jeunesse qui doit être
maintenant l'objet des vénérations, on le lui a dit,
on nous l'a signifié à tous du haut de la tribune
nationale ; depuis ce temps, sa plus importante
occupation est de promulguer son nouveau titre,
de peur qu'on n'en prétende cause d'ignorance ; et,
par exemple, les rédacteurs d'un certain journal
politique (2), jaloux d'attirer la confiance des lec-
teurs, n'ont pas trouvé de meilleur moyen que
d'écrire dans toutes leurs colonnes, de répéter à
satiété dans tous leurs numéros, *qu'ils sont jeunes
et très jeunes*, comme si l'on ne s'en apercevait pas
assez ; ils vantent leur jeunesse du ton dont on aurait dit autrefois : Nous avons vieilli dans les travaux les plus utiles, dans les études les plus pro-

---

(1) *Puer*. Enfant, valet.
(2) Le Messager des Chambres.

fondes, nous avons acquis laborieusement l'expérience des affaires qui s'achète toujours, et la connaissance du cœur humain, qui s'achète plus cher
encore!... On voit que le genre humain est décidément voué au culte de l'adolescence, et qu'il ne
faut plus dire qu'un siècle est heureux et grand
quand il a su recueillir l'héritage des siècles
passés, puisque le siècle des lumières met précisément son bonheur et sa grandeur à répudier cet
héritage.

Maintenant le jeune homme réclame, au sortir
de l'enfance, comme un incontestable droit, la
préséance et l'autorité; il n'a pas fait un pas sans
le secours de ses contemporains plus âgés que lui;
s'ils n'étaient pas venus avant lui, qui aurait-il
trouvé pour aider, protéger, soutenir sa faiblesse? Alimens, vètemens, ces lumières même
dont il est si fier, il tient tout d'eux; et à peine se
croit-il sûr de leurs dons, qu'il s'en sert pour ou-
trager ceux dont il les a reçus, pour leur disputer
le plus beau prix, l'unique prix d'une longue vie,
l'autorité, pour les avilir enfin et les opprimer
autant qu'il est en lui; car l'avilissement n'est
jamais qu'un moyen d'oppression : ne dirait-on
pas de la jeune araignée de Ceylan, qui, à peine
éclose, s'attache à sa mère pour la ronger et la dévorer?

Il se peut toutefois qu'à défaut de titres primi-
tifs, on en trouve d'autres aussi légitimes dans les
considérations d'utilité publique : ceci mérite at-

4.

tention, et pour être juste, il faut examiner ces titres nouveaux.

La première qualité nécessaire pour gouverner les hommes est de les aimer. On ne gouverne pas un peuple qu'on n'aime pas, on s'en sert comme *d'une chair à canon*, comme *d'une matière à contribution*, voilà tout. C'est l'amour de l'humanité qui distingue surtout les grands princes, car c'est de lui que naissent les grands dévouemens ; on a peine à croire que le nom de Marc-Aurèle fût en vénération dans l'univers, s'il n'eût fait que dompter les Quades et les Sarmates, et protéger quelques sophistes grecs; sa grandeur vint de sa bonté, et la bonté s'apprend comme tout le reste.

Haud ignara mali, miseris succurrere disco.

Ce vers si profond, si essentiellement vrai qu'il est venu jusqu'à nous d'âge en âge comme une des maximes de la sagesse éternelle; ce vers nous dit clairement qu'on ne parvient pas à la pitié sans un dur apprentissage; or, où la jeunesse aurait-elle appris à compatir? Elle a trop peu *pâti elle-même.*

Observez les gradations naturelles : cette jeunesse, si indifférente aux souffrances étrangères, est cependant moins égoïste que l'enfance, *cet âge sans pitié* d'après le bon Lafontaine, que certes on n'accusera pas d'avoir mal observé ou d'avoir médit d'un âge dont il semblait tant se rapprocher par son caractère.

C'est que nous nous faisons illusion sur les sentimens de cet âge ; parce qu'il est faible, nous le croyons doux ; parce que ses chagrins s'exhalent en larmes, nous le jugeons facile à s'attendrir ; nous ne savons pas voir qu'il ne s'attendrit jamais que sur lui-même, qu'il ne pleure jamais de bonne foi que ses propres disgraces. Ce n'est pas que j'aspire à dissiper cette illusion que j'éprouve souvent moi-même, et je le tenterais en vain ; Dieu nous l'a donnée à tous pour la conservation de notre espèce : si l'ame de l'enfant se montrait à nous comme elle sort des mains de la nature, avec ses caprices, et ses tyrannies, et sa férocité originelle (car tout nous atteste un vice originel), au lieu d'affermir ses pas dans la vie, on serait tenté de l'étouffer au berceau.

L'homme se bonifie en vieillissant ; et sous ce point de vue la jeunesse est un peu plus avancée peut-être vers la vertu que la première enfance ; mais elle n'a pas encore souffert assez pour mettre au premier rang des douleurs le spectacle de la souffrance des autres ; et n'est-ce pas à cet âge qu'on se fait un *devoir* de couper la gorge au premier venu, que dis-je ! à un bienfaiteur, à un frère, pour satisfaire le point d'honneur, c'est-à-dire les exigences de l'orgueil ? N'est-ce pas à cet âge que l'on concerte de sang-froid une séduction qui doit plonger dans le deuil une famille entière, et pousser peut-être à l'échafaud la trop confiante beauté devenue criminelle en haine de la honte.

Concluons donc que la jeunesse n'est pas l'âge de la bonté.

Est-ce au moins l'âge de la justice? Voyez sous quels traits le poète nous représente Achille, ce type idéal de la jeunesse; bouillant, colère, impérieux jusqu'à se croire au-dessus des lois (1). Certes on ne s'avisera pas de nier que la constance dans les entreprises ne soit une vertu de gouvernement; or, l'un des caractères principaux du jeune homme est de s'engouer de tout et de s'en dégoûter l'instant d'après, *amata relinquere pernix;* d'être enfin comme une cire molle entre les mains de ses flatteurs, *cereus in vitium flecti.*

La prudence est, je crois, une des qualités nécessaires au gouvernement, et la nature de la jeunesse est l'imprévoyance, *utilium tardus provisor.*

Les zélateurs du droit de pétition ne conçoivent pas qu'un gouvernement ferme l'oreille aux plaintes, aux conseils même : les plaintes et les conseils aigrissent, irritent le jeune homme, *monitoribus asper.*

Vous appelez à grands cris l'économie, et nul âge n'est aussi prodigue, *prodigus æris.* Enfin la véritable vertu royale, qui est le besoin de pardonner, lui manque, *inexorabilis.* Ulysse éprouve de l'embarras et de la honte, en arrachant l'héritier d'Hector du tombeau de son père, qui lui servait d'asile; mais Pyrrhus égorge le vieux Priam de ses

---

(1) Jura neget sibi nata, nihil non arroget armis.

propres mains aux pieds des autels, à la face des
dieux. Pyrrhus était jeune, très jeune.

Je ne veux pas dire qu'il n'y ait de vieux crimi-
nels, que des vieillards n'aient quelquefois ensan-
glanté le trône, d'où leur conduite les avertissait
qu'ils ne tarderaient pas de descendre; mais du
moins ils ont tous racheté leur despotisme par
quelques vertus. Tibère, à soixante ans, *abandon-
nait aux dieux la vengeance des injures*; Charles IX, à vingt-deux ans, ordonnait de sang-froid
la St.-Barthélemy; le sombre Louis XI releva l'autorité royale et même les libertés populaires;
mais si vous cherchez des monstres parfaits, adres-
sez-vous aux rois adolescens : Caïus, à vingt-neuf
ans, avait surpassé Tibère; Néron n'avait pas vingt-
deux ans quand il égorgea sa mère; Commode, à
vingt-cinq ans, égorgeait ses neveux en présence
de ses sœurs flétries par ses embrassemens; le
plus infâme enfin entre les infâmes, qui laissa bien
loin derrière lui Sardanapale dans la carrière des
voluptés, et Néron dans celle des cruautés, Hélio-
gabale, n'avait pas dix-neuf ans, quand il mourut
flétri par tous les excès. C'est qu'il y a dans la toute-
puissance, il faut l'avouer, quelque chose qui re-
mue l'ame, et qui en fait sortir toutes les passions
qu'elle renferme; que dis-je! la toute-puissance
donnerait des passions à qui n'en aurait pas : quoi
de plus enivrant que cette idée, de se sentir maître, de tenir dans ses mains la destinée des autres ! Avant que cette idée se convertisse en un

retour vers la justice, avant que le maître ait
compris que son droit n'est qu'un devoir, que son
pouvoir n'est qu'un esclavage, par combien de
transformations ne faut-il pas que ses sentimens
naturels aient passé? Et c'est cet enivrement que
vous voulez ajouter à tous les enivremens de la
jeunesse, à tous les tumultes qu'excitent à l'envi
l'ardeur du sang, l'accroissement progressif des
forces, les rêves de l'imagination? Malheureux!
est-ce donc la ruine du genre humain que vous
conspirez?

On me dira que je prends mes exemples trop
haut, que nos maîtres imberbes n'aspirent point
au trône, qu'ils bornent modestement leur ambi-
tion à des préfectures, à des ministères; et comment y seront-ils propres, s'ils ne présentent que
des qualités négatives pour le gouvernement? car
l'administration, c'est le gouvernement en détail.

Peut-être cette jeunesse pensante ne veut-elle
que nous éclairer de ses conseils; elle refuse la
puissance, c'est l'autorité qui lui fait envie. En effet, à la voir se travailler pour nous remplir de
son esprit, on dirait qu'elle a reçu mission de ré-
former ses pères; mais encore une fois d'où lui
vient cette subite science? Hier elle recevait nos
leçons. De quelle inspiration surnaturelle se trouve-
t-elle tout d'un coup illuminée, pour que se soit
à nous de recevoir les siennes? En vérité, j'ai
peur qu'il nous arrive pis que des violences; il
me semble que j'aimerais encore mieux une jeu-

nesse brutale qu'une jeunesse pédante. C'est qu'en
général j'espère plus de l'orgueil que de la vanité ;
il faut tout dire, cette pédanterie est à mes yeux
le despotisme, avec le ridicule de plus ; ajoutez
qu'il n'appartient pas à tout le monde de faire justice de ce despotisme comme de celui de la puissance : celui-ci ne renverse pas, il dessèche ; il
n'écrase pas, mais il corrompt ; en s'exerçant contre les traditions vitales et les supériorités naturelles, il tend insensiblement à détruire tous les
liens de famille, pour arriver à la ruine de tous les
liens de l'état.

Et ces hommes se disent amis, gardiens de la
Charte, laquelle met la condition de l'âge bien au-
dessus de la condition du cens, puisque l'une est
invariable, tandis que l'autre fléchit devant les besoins des localités ; et ces hommes se disent amis
du perfectionnement ! Comme si une doctrine qui
suppose que l'intelligence humaine s'affaiblit à
mesure qu'on avance au point de maturité, ne
renfermait pas en soi l'impossibilité des amélio-
rations ! Ah ! revenons à la nature, au bon sens,
à l'expérience des siècles, si nous ne voulons périr
d'une mort violente et même ridicule ; car qui
aura pitié d'un peuple qui se laisse mener par des
enfans ?

DU RÉGIME DÉLIBÉRATIF

ET

DU RÉGIME CONSULTATIF.

On divise communément les gouvernemens en absolus et représentatifs; c'est un abus de mots. A la pratique on voit qu'un gouvernement absolu dans toute la rigueur du terme est impossible, et que le gouvernement le plus démocratique serait encore une représentation imparfaite.

Tamerlan ou Bonaparte trouvera des obstacles à son despotisme jusque dans les instrumens qu'il emploiera pour le maintenir; et la force même qu'il faut bien communiquer à ces instrumens, pour qu'ils soient de quelque usage, est autant de soustrait à la force du maître.

De l'autre côté rien de réel. Poussez-vous la démagogie jusqu'à restreindre le cens au prix de trois journées de travail? voilà tous ceux qui ne paient que deux journées réduits à rien, et leur humiliation sera d'autant plus profonde que le nombre des représentans sera plus grand.

Supposez - vous une représentation complète
dans ses élémens? vous n'en éprouverez que mieux
l'imperfection dans les résultats. En effet, qu'il y
ait cent mille votans; cinquante mille plus un
faisant la loi, il n'y aura de perdu que cinquante
mille votans moins un; qu'au lieu de cent mille il y
en ait un million, le vote de cinq cent mille moins
un sera dans la même circonstance nul de droit:
tel est en effet ce grand principe de la majorité,
que plus on le développe, et plus il y a de droits
individuels supprimés.

Certes, il faut une foi bien robuste pour s'imaginer qu'une loi votée ou qu'une élection faite contre votre pensée est pourtant l'expression de votre
pensée! Ce qu'il y a d'étrange, c'est que les parti-
sans d'un tel système sont les mêmes qui flétrissent
du nom de crédulité les plus nobles croyances.

Oh! que de choses à refaire dans le langage humain, si l'on s'avisait un jour de vouloir que chaque
mot représentât l'idée pour laquelle il a été fait!

Je crois avoir assez clairement prouvé que cette
qualité de représentatif appliquée aux gouvernemens à la mode, est un véritable mensonge; encore n'ai-je parlé que de leurs procédés. Que serait-ce si je soumettais leur caractère à l'analyse?

Si je demande en quoi consiste un gouvernement représentatif, et quelle est son essence, on
me répond de toutes parts que je trouverai sa définition dans la définition de toutes les autres
sortes de gouvernemens, qu'il n'est aucun des

autres, et qu'il est tous les autres ; que son essence est de n'en avoir pas ou de les avoir toutes, c'est-à-dire, si j'entends ma langue, que c'est un ordre de choses où un seul, plusieurs et tous gouvernent à la fois.

A cette définition, le dieu de Spinosa me revient involontairement à la mémoire. Quoi ! une réalité formée de tous les contraires possibles, un assemblage de parties qui s'excluent ! Cela ne peut pas être, et cela n'est pas en effet ; car partout où quelqu'un de ces gouvernemens se montre à moi, je vois qu'il cache un des gouvernemens connus, qu'il se résout dans ce gouvernement ; le nom seul est compliqué, la chose au fond est simple, car il ne peut exister en définitive que des gouvernemens simples.

Prenons pour exemple le premier né de ces gouvernemens. Il est monarchique, dit-on : quoi ! de la monarchie, et un roi qui ne peut rien ! Il est démocratique : quoi ! de la démocratie, avec la presse des matelots, avec les bourgs-pourris ! C'est se moquer. Le gouvernement anglais est aristocratique et rien de plus, nommez-le donc par son vrai nom.

C'était aussi un gouvernement représentatif que celui de 1791, en France, et l'œuvre des cortès en 1818 et 1820 : et pourtant nos constituans et les cortès espagnoles n'avaient fondé que la démocratie.

Sachez lire la Charte, et surtout sachez l'exécuter, et nous aurons le gouvernement qui nous convient; car le gouvernement représentatif de France, tel que la Charte l'a fait, n'est autre, grace à Dieu, que la monarchie tempérée.

Ce qui réunit tous ces gouvernemens sous une même dénomination, c'est la communauté des formes, et l'on sait trop combien la pauvre espèce humaine se laisse prendre aux formes; voilà pourquoi je pense qu'il est temps enfin de renoncer à ce mensonge de mots, et de restituer les choses dans leur primitive simplicité; c'est le second et le principal objet de cette dissertation. Ici je prie qu'on daigne ne pas me juger précipitamment. C'est pour exiger qu'on soit attentif que je me suis efforcé d'être laconique.

J'ai déjà fait voir qu'il n'est pas au pouvoir des hommes d'ajouter un quatrième principe aux trois principes reconnus de tous les temps; j'ajoute qu'il n'est pas en leur pouvoir d'ajouter un troisième régime aux deux régimes suivans, le délibératif et le consultatif.

Dans le régime délibératif, la loi, c'est-à-dire la puissance, est le produit d'un conflit, le résultat d'un calcul, le signe d'une proportion numérique.

Dans le régime consultatif, la loi est une volonté, une seule volonté, mais qui, avant d'être, a su rallier autour d'elle des volontés excentriques; en les appelant elle ne s'est point abjurée elle-même, car elle a toujours pu les admettre ou les rejeter.

Le fondement du régime délibératif, c'est l'excellence de la majorité, c'est-à-dire l'excellence d'une chose dont l'expérience tout entière du genre humain accuse l'impuissance ou la corruption.

C'est une vieille tradition, que les inventeurs de la vigne et de la charrue furent mis en pièces: ils heurtaient la majorité.

Essayez de rassembler dans des villes ou de soumettre aux occupations du labour les Bédouins, les Tartares nomades, et vous apprendrez à vos dépens ce que c'est que la majorité!

Pourquoi le dissimulerions-nous? c'est la majorité qui, à l'époque des croisades, poussait l'élite des populations européennes au milieu des tempêtes et des aventures ruineuses; c'est la majorité qui fit la Saint-Barthélemy; c'est elle qui fit le 14 juillet et le 10 août.

Il faut vivre dans *ce siècle de lumières*, pour trouver des gens qui enseignent que le nombre des sages est le plus grand et celui des insensés le plus petit. Car c'est là mathématiquement l'expression la plus simple de la doctrine des majorités.

Au moins on n'accusera pas d'inconséquence les zélateurs de cette doctrine. Quand ils ordonnent à la vieillesse de se prosterner devant la jeunesse, ils ne font que tirer un corollaire de leurs principes; et leur logique est bonne au moins, si leur morale ne l'est pas.

Ce grave, cet immense inconvénient, ce déplorable mensonge disparaît dans le gouvernement consultatif; là un intérêt unique, et pourtant né de

tous les intérêts, les domine pour les protéger et
les défendre; là il n'y a pas conflit, quoiqu'il y ait
calcul; il n'y a pas nécessité de se montrer convaincu, quoique les règles de la conviction ne soient
jamais blessées; l'on ne subit point le joug de cette
puissance qu'on appelle *nombre*, inflexible comme
la nécessité et bien plus aveugle qu'elle. Ce n'est
pas que l'opinion publique y soit sans action, au
contraire elle en a beaucoup; mais on la consulte
sans l'adorer, on l'interroge sans prendre ses ordres; son ascendant n'est pas intermittent comme
ailleurs; il n'est pas d'heure, il n'est pas d'instant
où elle ne puisse se faire entendre; on peut dire
que son influence n'a d'autres bornes que la raison;
c'est son empire qui est nul. L'opinion sera toujours une excellente conseillère quand on n'en fera
pas un tyran. Enfin, dans le régime consultatif,
point de voix perdues, puisqu'elles peuvent être
toutes recueillies sans inconvénient; point de mensonge dans la loi, car elle ne saurait être que
l'expression de la volonté du souverain, soit que
celle-ci ait été inspirée par d'autres volontés, soit
qu'elle n'ait pas eu besoin de leur concours: là, et
là seulement il existe une véritable représentation,
puisqu'on peut sans inconvénient agrandir l'en-
ceinte où les intérêts rivaux défendent leur cause;
on peut aussi sans inconvénient élargir la base des
élections. Car toutes les conditions que la politique
nouvelle accumule, toutes les précautions dont
elle s'environne pour assurer au souverain des

coopérations dignes de lui et fortifier de leur autorité personnelle l'autorité de leur mandat, seraient un luxe inutile.

Le régime délibératif est l'image d'une famille où
les enfans les plus mutins, s'ils s'entendent bien
entre eux, peuvent enchaîner la puissance pater-
nelle et la forcer elle-même à l'obéissance.

Le régime consultatif est l'image d'une famille où
le père, ayant la conscience de ses droits et de ses
devoirs, ne laisse pas de prendre l'avis de ses enfans, quelquefois même de ses plus humbles ser-
viteurs, non pour y déférer, mais pour le connaître, décidé à s'y conformer s'il est juste, et à passer
outre s'il ne l'est point.

A votre avis lequel de ces deux régimes est le
plus favorable? lequel est le plus légitime ?

DE LA RÉVOLUTION,

ET DE SA TENDANCE UNIQUE.

Celui qui a creusé le lit des fleuves, a tracé aux torrens même leurs limites ; en sorte que quand ils semblent n'obéir qu'à leur aveugle impétuosité, ils subissent toutefois une loi secrète.

Dieu a voulu que la licence enfantât le despotisme. En vain elle proteste, en vain elle charge de malédictions cet inévitable fruit de sa rage ; il faut qu'elle fléchisse sous son joug, qu'elle l'enrichisse de ses conquêtes, et le rende fort de sa force. Tous les pas qu'elle croit faire loin de lui l'entraînent vers lui ; et plus fastueusement elle aura proclamé son indépendance, plus honteuse sera la servitude qui l'attend.

Il en est des sociétés politiques, comme des sociétés de brigands : des insensés, pour éviter un travail paisible, en ont trouvé un de périlleux et fort rude ; pour se soustraire à la gêne des lois, ils ont mis leur vie à la merci du brigand le plus fort et le plus habile.

Que les hommes prévenus jettent un moment

5.

les yeux sur cette malheureuse Amérique espagnole : on lui montrait dans une perspective brillante l'union des races, les races ont plus conser-
vé que jamais leur antipathie ; on lui vantait le
bonheur qu'apporte les lumières, et tous ses
établissemens littéraires et scientifiques sont en
ruine ; on prédisait à son commerce la domination, et à peine a-t-il obtenu la tolérance ; on
l'éblouissait par l'image des richesses que l'abo-
lition des charges allait faire couler dans son sein,
et ses mines sont abandonnées à des exploitations
étrangères ; et forcée d'emprunter à la vieille Europe, elle ne peut faire honneur à ses engagemens.
Cependant la guerre se prolonge et se propa-
ge ; guerre de nation à nation, de municipalité à municipalité, de tribu à tribu, c'est l'état
pour lequel ces peuples ont échangé le doux
repos dont ils jouissaient, qui était presque un
sommeil. Colosses autrefois resplendissans d'or,
ils n'ont plus à montrer que des hâillons et des
plaies. A force de sang et de misères, ils ont obtenu la banqueroute, la démoralisation universelle,
toutes les inquiétudes, tous les supplices, et, ce
qui est le plus cruel de tout peut-être, l'insolent
patronage d'un Bolivard, d'un Santa-Anna et d'un
Fernandez.

En sera-t-il autrement de notre pauvre France,
si elle ne se lasse pas enfin du libéralisme qui la
subjugue ? Toute France qu'elle est, toute compacte,
tout éclairée, toute florissante que la nature et

la sage et prévoyante politique de ses rois l'ont faite, il faudra bien, si elle n'ouvre enfin les yeux sur son avenir, qu'elle subisse une seconde fois l'opprobre qui avait presque effacé ses nobles traits; il faudra qu'elle tombe une seconde fois aux genoux d'un soldat; car les traditions du culte du sabre ne sont point perdues, et les thuriféraires sont prêts.

A ces mots, je vois éclater une indignation feinte: leurs orateurs, leurs journalistes s'évertuent; mille voix me rappellent à l'ordre... à l'ordre légal, sans doute.

« En effet, sommes-nous ce que nous étions en « 89, nous disent-ils: voyez les populations, comme « *notre glorieuse révolution* les a faites; où trou- « vez-vous cette férocité, cette rapacité d'autre- « fois? les prolétaires ont à peu près disparu; on ne « voit partout que propriété *grande*, *moyenne*, ou « *petite*, mais chacun a son lot, son chez soi, son « intérêt à la conservation des choses; un crédit « immense a tellement lié les fortunes particuliè- « res à la fortune publique, que le moindre ébran- « lement dans celle-ci menacerait toutes les au- « tres: dans un tel état de choses, il n'y a pas de « place pour une révolution; en un mot la révo- « lution ne se fera point, parce qu'elle est faite. »

Voilà ce que disent les continuateurs de la ré- volution, voilà par quelles paroles emmiellées ils voudraient endormir la vigilance du petit nombre de sentinelles restées à leur poste; mais combien

cette apologie est faible et trompeuse, et que les
démentis sont faciles !

Il faudrait demander premièrement aux apolo-
gistes de la révolution renaissante, s'ils ont toujours osé, dans nos sanglantes saturnales, parler
d'ordre et de liberté véritable; si leur philosophie,
maintenant si discrète, a refusé son hommage à
tout ce qui n'était pas la justice et la raison ; s'ils ont
enfin toujours désavoué la source du grand bien-
fait qu'ils préconisent, et contesté aux multitudes
furieuses leur mission. S'il en était ainsi, on les ver-
rait aujourd'hui surtout repousser avec horreur les
débris vivans de ces horribles époques; 1793, 1804,
n'auraient pas d'ennemis plus terribles , ni plus
acharnés. Comme rien n'est plus odieux à des
sectaires, que ceux qui ont défiguré ou corrompu
les dogmes de leur secte, ils mettraient à poursuivre
les jacobins et les impérialistes plus de force
et d'opiniâtreté que nous-mêmes : au contraire,
ils n'ont que des caresses pour les régicides, que
de l'encens pour l'usurpateur. Que dis-je ! ne se
glorifient-ils pas de leur participation à ces grands
crimes ? n'inscrivent-ils point parmi leurs titres
à la confiance publique, jusqu'aux efforts qu'ils
ont faits pour ramener la victime fugitive sous
la hache? et s'ils pouvaient, non pas obtenir de la
clémence royale, mais conquérir, par une loi ar-
rachée au trône, le rappel de tous les régicides,
ne verrait-on point leurs maisons et leurs fenêtres
illuminées comme au jour où il fut arrêté que le

commerce de calomnies, de diffamations et de sophismes, aurait un libre cours ?

Ils disent que la fortune publique se lie par le
crédit aux fortunes particulières ; est-ce donc qu'à
l'époque du grand renouvellement cette liaison
n'existait pas ? Et les rentes de l'hôtel de ville, et les
tontines, et surtout la finance des offices publics !
Cette considération a-t-elle empêché la banqueroute ?

Ils disent qu'il n'y a plus de prolétaires, ceux dont
toutes les doctrines spéculatives, tous les actes légis-
latifs, sont autant de menaces contre la propriété,
ceux qui se complaisent dans l'idée d'une division
du sol à l'infini, qui ont tonné contre la loi faculta-
tive des substitutions, et à un seul degré encore;
ils opposent à nos prévoyances cette force d'a-
grégation qu'ils se vantent d'avoir créée, et la sève
qui, grace à eux, circule dans les veines de l'état,
est le plus énergique de tous les dissolvans !

Je veux cependant qu'ils parviennent à réaliser
leur utopie, et que l'industrie, le commerce,
l'amour de l'or enfin, cette cause puissante des
révolutions, transformée par eux, devienne pour
un moment une barrière contre cette puissance
qu'ils ont élevée, qu'ils font élever dans la
boue et sur des dunes ! Faible barrière qui doit
se hausser et s'abaisser à chaque instant, suivant
les chances de la fortune et les mouvemens de sa
roue; car c'est bien des richesses industrielles qu'il
s'agit ; c'est bien à elles qu'on rend hommage ; la

richesse rurale offusque nos sages, celle-là est in-
séparable des habitudes qu'ils ont proscrites, elle
amène à sa suite les mœurs patriarcales, l'amour
de la paix, tous les élémens de consolidation et de
stabilité.

L'autre, qui passe de main en main avec la rapidité de l'éclair, convient mieux à cette agitation
sans terme, à cette fièvre sans repos', qui est la
vie des révolutions; et ne voyez-vous pas que, dans
cette utopie, un laquais enrichi peut devenir éli-
gible, le jour même où son maître appauvri cesse
d'être électeur. Ils ont pour tous les budgets une
déclamation obligée contre la loterie; et ils travaillent à mettre en loterie les hiérarchies sociales.

On dira que je fais le procès à la Charte, eh
non ! je fais le procès aux situations qui ont rendu la Charte nécessaire; je fais surtout le procès à
la cause de ces situations, car ces situations étant
données, il était difficile de les régler mieux que
n'a fait le monarque législateur. Comme Solon il a
pu dire que sa loi n'était pas la meilleure possible,
mais qu'elle était celle qui convenait le mieux à
notre faiblesse. Au moins faudrait-il l'observer cette
loi, dans son esprit surtout; au moins faudrait-il,
par respect pour sa source, l'entourer d'une insur-
montable barrière. Je sais que le dogme de la toute-
puissance parlementaire s'accommode mal de cette
inviolabilité; mais je sais aussi qu'avec un pareil
dogme, il n'y a d'autre *constitution* possible, que la démocratie pure; car le système législatif changeant

avec les législateurs, on conçoit qu'un état passe vingt fois en un siècle d'un principe de gouvernement à l'autre, et qu'au milieu de tant de commotions, et de tous les débris qu'elles entassent, il ne reste debout que la *souveraineté du peuple*, c'est-à-dire, la souveraineté des intrigans et des factieux.

Je reviens à mon sujet. Aristocratie de richesses, aristocratie militaire ; ce sont les deux seules aristocraties que la révolution puisse et veuille reconnaître, car elles sont l'une et l'autre une force actuelle, un gouvernement de fait : or je soutiens que les deux viennent se résoudre dans le despotisme du sabre; l'une plus lentement, plus obliquement, si l'on veut, après de plus longs détours et de chances plus diverses, mais 'qu'importe la diversité des moyens où la fin est la même ? *La noblesse de soie et la noblesse de laine* ont-elles traîné à leur suite moins de désordres, ont-elles moins impérieusement appelé un arbitre souverain et sans contradicteurs, que les légions de Marius et de Sylla ? Que sont devenues toutes ces républiques marchandes de moyen âge? la proie de quelques aventuriers. *Sans les douze conservateurs de la liberté*, pense-t-on que le bâtard du fils d'un paysan de Cotignola fût monté au trône de Milan ? Qu'était ce Braccio, ce Piccinino, contemporains et adversaires de Sforze, et comme lui tour-à-tour oppresseurs cruels et despotisques défenseurs de ces communautés anarchiques d'Italie? Tournez les yeux vers les républiques flamandes, et voyez fumer le glaive entre les mains des prud'hommes et des syndics. Eh bien! soit, vous aurez à choisir entre Médicis et César; mais prenez bien garde que le joug de Médicis ne soit pas plus pesant que celui de César même !

Nous avons aussi notre noblesse de soie et de laine, et surtout notre noblesse de banque; quelques petites banqueroutes de dix ou vingt millions viennent par intervalles nous révéler son pouvoir; c'est comme le tonnerre annonçant la présence du maître des dieux. Oh! que l'ancienne aristocratie était sotte ! elle payait le droit de rendre la justice; elle payait le droit de verser son sang dans les champs de bataille; elle plaçait, dotait, enrichissait ses amis : le tout par un sentiment d'orgueil et de tyrannie, comme on sait, et poussait l'oubli des droits de l'homme, jusqu'à laisser entièrement à la bourgeoisie les places les plus lucratives; aujourd'hui tout lui est bon, jusqu'aux bureaux de loterie et de tabac, et c'est ainsi qu'elle se fait vassale de l'autre aristocratie. *O tempora !*

DES INFLUENCES LIBÉRALES

SUR LA LITTÉRATURE.

En dépit de toutes les hypocrisies, il y a dans le discours, dans la forme seule du discours, quelque chose qui trahit involontairement la pensée qu'on voudrait cacher, comme en dépit de tous les efforts d'un homme, il y a dans les mouvemens de son visage quelque chose qui trahit les mouvemens de son ame; et l'on a eu raison de définir la littérature, l'expression de la société.

Dans le tumulte de nos saturnales révolutionnaires, cette expression a dû être dévergondée et féroce; mais du moins elle était franche. Quand le rival de Robespierre, défiant du haut de la tribune la civilisation européenne, s'écriait : Nous « avons jeté le gant aux tyrans, et ce gant est la « tête de Louis XVI, » l'Europe frémit, mais en admirant ce sublime infernal; c'était la révolution qui parlait du fond de son ame, et dans toute la chaleur de ses premières victoires.

Il s'est fait aujourd'hui un changement dans ses allures: de furieuse elle est devenue cauteleuse; et délirante, de sophistique qu'elle était. Ce n'est

plus le rugissement du tigre demandant sa proie;
c'est un jargon nouveau, mélange d'arrogance
et de patelinage, de pédanterie et de malignité.
Ce jargon est tout à la fois ampoulé, menaçant
et doucereux; il y entre des barbarismes dignes de
Ronsard, et un entortillement renouvelé de Ma-
rivaux ; du reste, rien d'approfondi, rien de
pensé, de vieux argumens vernissés avec art, des
idées basses sous des formules hautaines, et toujours le même fond de sentiment; *rapine* et *tuerie.*
, Seulement il faut à la révolution en habit noir,
un autre langage qu'à la révolution en carma-
gnole. Pour preuve voyons-la faire au théâtre,
dans les chaires de philosophie, dans les entreprises d'histoire; partout mêmes procédés dans un
même but : décréditer le passé pour mieux cor-
rompre l'avenir, secouer le joug des règles établies pour acquérir le privilége d'être elle seule la
règle. Aristote l'offusque, c'est une vieille autorité,
c'est l'inventeur de l'ordre dans les conceptions de
l'intelligence; et vite des drames en quinze actes,
des vaudevilles tragiques, un ensemble de vingt,
trente années de biographies en action. Nos maîtres nous prescrivaient le culte de la *belle nature,*
de la nature épurée; mensonge, disent-ils, et pour
honorer la vérité, ils empruntent au jargon des
halles et des cabarets sa dégoûtante énergie : et
quoi, dit sérieusement un de leurs docteurs,
n'est-ce pas là du *grotesque*, et le grotesque n'est-
il pas frère du sublime ?

L'histoire, sous leur plume, devient la satire
des rois et la justification des jacqueries; ce n'est
pas tout; un sectaire plus habile, sous prétexte de
l'étendre, est venu la dissoudre; pour lui et ses
adeptes, l'histoire des nations européennes n'est
autre que celle des tribus primitives englouties
dans les tribus victorieuses. Caprice du génie,
dira-t-on, ou abus de l'analyse; non, il y a un but à ce
caprice apparent, il y a un ordre dans cet abus;
l'on s'efforce d'effacer les nationalités, de les ense-
velir sous les débris confus des titres communs;
on veut surtout étouffer cette force d'agrégation
qui est le véritable fondement des trônes.

La philosophie leur coûte plus d'embarras; aussi
les voit-on biaiser et tâtonner, et cacher leur incertitude sous une obscurité calculée. Leurs premiers patrons avaient fait la philosophie toute
sensuelle; il fallait abaisser la spiritualité qui
dominait alors. L'école des premiers jours du
XIXe siècle sentit que Locke et Condillac ne con-
venaient point à un gouvernement qui singeait
la monarchie; ils exhumèrent Kant et Reid; aujourd'hui qu'on est revenu aux dogmes révolutionnaires, sans toutefois oser encore abjurer entièrement les formules monarchiques, les voilà qui
s'évertuent à concilier le sensualisme et l'idéa-
lisme, les prénotions de Platon et la théorie de
la sensation; ils appellent cela de l'éclectisme,
et ce n'est que de l'astuce. Voici une observation
de mœurs, elle ne sera pas inutile à recueillir.

Dans les siècles vraiment studieux, les livres sont rares, mais ils sont bons, car on écrit en conscience. Le génie modeste ne couvre point les murs de gigantesques placards pour avertir l'univers qu'il vient d'accoucher d'un premier volume en attendant les autres; comme il aspire à la vraie gloire, il garde long-temps son ouvrage avant de le hasarder au grand jour; *nonumque prematur in annum membranis intus positis.* Il s'attache surtout à ne rien dire de trop, à dire ce qu'on n'a pas dit avant lui; car, à quoi bon se travailler pour entretenir le public de ce qu'il connaît aussi bien que vous-même? Il veut que son livre soit tout substance; avare de mots, il presse ses idées, ou plutôt ses idées le pressent et ne lui permettent pas de languir en chemin.

Aujourd'hui, qui se présenterait avec le bagage d'un Boileau, d'un Vauvenargues, d'un Bordeu, courrait grand risque de se morfondre à la porte, comme un voyageur qui arriverait dans une hôtellerie, avec une mince valise, ou sa garde-robe au bout d'un bâton. Qu'est cet homme? dirait-on à Tacite même. Parlez-nous de messieurs tels et tels; quelle abondance, quelle profusion; comme ces vingt ou trente in-octavo (1) lestent bien une réputation! Ou, si par malheur l'étoffe manquait,

(1) Voyez, par exemple, ces cent-dix volumes du Dictionnaire de Médecine par entreprise, compilation indigeste, fatras ridicule qui se continuera tant qu'il viendra des écus, fût-ce jusqu'à mille volumes.

faites des notes ; sur ces notes, faites-en de nouvelles ; à défaut de notes, une autre ressource très
ingénieuse vous tirera d'affaire, laissez des pages en
blanc, ou couvrez les de points(1). *Sicitur ad astra.*
Notre bon public accepte les réputations toutes faites; ce n'est pas dans les livres qu'il apprend
à connaître les livres, c'est dans les journaux, or-
ganes impassibles de la vérité, comme on sait fort
bien, et voilà pourquoi l'on peut tout hasarder
avec lui.

Cet homme a-t-il écrit? —Oh! tant. — Mais est-
ce du bon? — Sans doute, *lisez le Constitution-
nel ou les Débats.* — Allons! décidément c'est un
grand homme.

Mais la postérité ! Eh! qu'importe la postérité à
qui ne vit que dans le présent; qu'importe un
juge dont les arrêts n'atteindront qu'un nom? La
postérité donne-t-elle de l'or, prend-elle des sou-
scriptions? Allons, le renom futur est un rêve ;
c'est le renom présent qui est un bénéfice.

Il y a bien une autre raison de cette abondance,
mais si mesquine, si abjecte, que j'ose à peine
l'énoncer; cette raison il faut pourtant la dire, c'est
l'intérêt des imprimeurs, des libraires, des gra-
veurs, des papetiers, des fondeurs en caractères,
même des épiciers à qui tout cet esprit doit re-
venir un jour en bons kilogrammes. Il faut à ces
gens-là du volumineux, du lourd, autrement qui

---

(1) Voyez la Mort de Socrate.

nourrirait leurs respectables industries ? Ce que je vais dire est incroyable, et pourtant rien n'est plus vrai; de tous les motifs allégués, il y a deux ans, contre un projet de loi qui donnait des entraves à la presse, le plus déterminant, ce fut le calcul des pertes qu'il causerait aux industriels. On colporta, on publia une pétition des ouvriers attachés aux imprimeries et aux papeteries, qui représentaient qu'une loi, faite pour mettre quelques bornes à la circulation des poisons, était une loi homicide pour ceux qui préparaient ou vendaient les poisons. Cette considération toute-puissante fit rejeter la loi : voilà le siècle!

DE LA FORCE RÉELLE

DES LIBÉRAUX.

Possunt, quia posse videntur.

————⋯⋯⋯⋯⋙◦⋘⋯⋯⋯⋯————

Ces libéraux qui devaient conquérir le monde, qui se disaient les envoyés d'une puissance à qui rien ne résiste, dont il fallait adorer le joug sous peine d'en être écrasés,..... connaissez donc leur véritable force; mesurez l'étendue de leur domaine.

Hors la France, tout leur échappe, ils ne tentent pas une entreprise nouvelle, qui n'échoue ; ils ne favorisent pas un gouvernement, que cette faveur ne ruine; ils ne sèment pas une révolution, qui ne périsse dans sa fleur.

Ils avaient proscrit don Miguel, et don Miguel s'affermit sur le trône. Ils espéraient beaucoup d'une séditieuse tutèle; tout ce qu'ils ont gagné, c'est de voir traîner de mers en mers un enfant objet d'un ridicule triomphe, si le malheur pouvait être ridicule. Ils verront aussi les vaisseaux d'Angle-

6

terre escorter Paméla et les siens, comme la gen-
darmerie escorte les bannis.

Ils avaient proclamé Panama le sanctuaire des
libertés de l'univers ; et Wasinghton désavoue Panama, et les États-Unis portent à Madrid même
leur mépris pour des frères adultérins.

Que dirai-je de la campagne hasardeuse d'O-
rient, et de la niaise expédition de Morée? ce que
tout homme sensé se dit chaque jour.

Quant aux théories, l'Angleterre est mon témoin ; demandez-lui, par exemple, ce que rapporte
aux nations cette liberté illimitée de commerce,
que les libéraux voudraient substituer aux prohi-
bitions des gouvernemens prévoyans.

Partout le libéralisme soulève les passions, et
partout l'expérience efface les œuvres du libéralisme.

Il n'y a que notre France maintenant où la révolution ait encore une place, c'est sur la terre
patrimoniale des Bourbons qu'elle a choisi son dernier asile, c'est sous les auspices des Bourbons,
dont le nom seul l'a combattue pendant trente
ans, qu'elle aspire à relever sa puissance et dé-
ployer sa bannière.

Mais dans cette France même, qu'il est étroit
l'espace qu'elle occupe! quelques bureaux de journal, quelques greniers de poète, quelques études
d'avocat, quelques comptoirs de banquier.

Et l'on tremble devant ces forces-là! J'ai quelquefois pensé que les historiens exagéraient la des-

cription de ces terreurs paniques qui décident du
sort des *nations; je les comprends aujourd'hui.
La révolution ne dit jamais, c'est assez ; on traîne
le vaisseau de l'état à la remorque, et elle se plaint
d'être elle-même remorquée; quand ce ne sont pas
ses ordres directs, c'est au moins son esprit qui
préside à tous les choix, et tous les choix sont, à
l'entendre, des oppressions ou des moqueries.

Ce n'est pas tout; peu contente de ses influences
manifestes, elle en organise de secrètes; tout en
tonnant, elle intrigue; tout en invoquant la publi-
cité, elle cherche les ténèbres. Ses commis voya-
geurs, hommes et femmes, couvrent les grands
chemins, pendant que ses commis discoureurs
encombrent les librairies; elle veut donc quelque
chose de plus qu'elle ne dit pas ou qu'elle n'a pas
dit encore, mais qu'elle s'apprête à dire au moment
opportun : qu'on y réfléchisse, et surtout il ne faut
pas la perdre de vue un seul instant.

DE L'AUTORITÉ.

Si l'on me demande quelle est la base de l'ordre moral, je répondrai : c'est l'autorité. Si l'on me demande quel est le lien des générations, la nourrice du genre humain, je dirai : c'est l'autorité.

Sans l'autorité, tous les travaux des siècles passés sont perdus pour le siècle qui leur succède, et le genre humain recommence à chaque homme. Car les moyens même employés pour un examen sans cesse renaissant, étant le fruit des inspirations reçues dans l'enfance, il faudra se dépouiller au préalable de ces inspirations même premier chaînon de toutes mes pensées, c'est-à-dire, nous réduire au néant, afin d'être quelque chose par nous-mêmes.

Parmi les biens de tout genre dont nous jouissons, peu sont acquis, le plus grand nombre est donné. Il en est de notre moral, comme de notre physique, de nos propriétés intellectuelles, comme de nos propriétés réelles, toutes sont des héritages, ou ont leur source dans un héritage. Ainsi pour qui voudra se montrer attentif sur lui-même, de sa seule situation bien connue naîtront tous.

ses devoirs ; il ne pourra réfléchir un moment à ce qu'il est, sans s'apercevoir qu'il doit tout aux autres.

D'où découlent naturellement le respect pour l'ancienneté, et l'idée de la légitimité qui n'est pas autre chose.

Croire est tout l'homme moral, même chez les sceptiques, au moins chez ceux qui ne font usage de scepticisme que pour arriver à la certitude ; en effet, il faut à leur doute un point de départ, et ce point de départ, qu'est-ce autre chose qu'une croyance ?

Je parle ici du petit nombre des esprits supérieurs, car le plus grand nombre est condamné, par l'humilité de son existence, à ne pouvoir se livrer aux investigations que les autres jugent nécessaires. Que fera cependant l'homme obscur, le prolétaire? Hélas ! à défaut de l'autorité qu'il repousse, il s'en offrira une à lui, qui l'aveuglera ; il aura fièrement renié les souvenirs, les enchantemens de son jeune âge, les traditions de ses pères, pour inféoder sa pensée à quelque avide charlatan, qui lui vendra de grands mots au prix de son repos, de sa liberté, de sa vie-même.

C'est un raisonnement humble à la vérité, mais assez conforme aux règles, que celui-ci : « Le genre humain m'a transmis cette doctrine ; il s'est perpétué par elle ; ou du moins avec elle des millions d'hommes ont passé, tous mes égaux en bon sens, qui ont trouvé dans cette doctrine ce qui pou-

vait satisfaire au besoin de leur intelligence. Qu'ai-
je à faire de chercher une règle de conduite qui,
peut-être, ne serait pas meilleure, qui probable-
ment serait pire, car elle n'est pas éprouvée. »

Nos esprits forts considèrent en pitié les hommes
qui croient ; et quoi donc ? N'ont-ils pas les véritables, les plus précieux fruits de la science ? ces
choses saintes dont on les a régulièrement entre-
tenus, et qui furent comme le lait de leur enfance,
n'est-ce pas la science en abrégé, le *compendium*
de toutes les prévoyances humaines? Ils l'ont ob-
tenue sans travail, je l'avoue, tandis que ce n'est
qu'à grands frais que vous avez pu acquérir votre
superbe ignorance.

On se moque fort des nations immobiles, l'on
raille agréablement le superstitieux respect pour
des usages surannés. Je ne prétends certainement
point insulter aux conquêtes de l'intelligence, et
l'arrêter dans son essor quoique un plus grand
philosophe que moi ait dit *qu'elle a moins besoin
d'ailes que d'une chaussure de plomb.* Mais que l'on
daigne consulter l'histoire, qui fut toujours une
assez bonne conseillère ; et s'il est vrai, des nations
comme des individus, que le régime qui nous fait
durer le plus est le meilleur, qu'on me dise de quel
côté est la sagesse. Je prends pour extrêmes le peuple le plus mobile de toute l'antiquité, et le peuple
le plus religieusement soumis à ses traditions, à ses
coutumes. Celui-ci (l'Indien), qui avait précédé l'autre dans la civilisation, se retrouve à peu près tel

qu'il était autrefois, avec les mêmes mœurs, la même langue sacrée, les mêmes cérémonies, presque les mêmes formes.

Et l'éloquente, l'industrieuse, la brillante Athènes, après avoir vécu moins de trois siècles, n'est aujourd'hui qu'un repaire de barbares. (1)

---

(1) Bacon de Verulam.

DE LA MODÉRATION.

Certainement la modération est une des plus utiles, comme des plus nobles qualités de gouvernement, mais quand on l'applique aux personnes, et non quand on l'étend jusque aux choses. J'adore un roi chevalier *qui, se mettant au milieu de ses amis, tend la main à ses ennemis.* (1)

Mais l'homme d'état qui, dans un monstrueux *éclectisme*, prétendrait associer le principe de l'ordre à celui du désordre, et marier la révolution avec la légitimité, serait à mes yeux un charlatan ou un fou.

Qu'on se figure Galilée enseignant, par complaisance pour le système de Ptolomée, que la terre et le soleil tournent alternativement l'un autour de l'autre, ou bien Harvey enseignant, pour faire plaisir aux ennemis de la circulation, que ce phénomène a lieu seulement dans une moitié du corps humain!

Je déclare que je verrais avec moins de peine,

(1) Propres paroles de Charles X.

tous les régicides amnistiés, Robespierre lui-même jouissant, par la bénignité de nos rois, d'une retraite paisible , qu'un seul principe révolutionnaire mêlé dans nos lois aux principes royalistes : il n'y a pas de modération dans l'absurdité.

Ce n'est pas la révolution qui me démentira. Voyez comme elle s'achemine, toujours attentive à son but, quelque concession qu'on lui fasse, de quelque tribut qu'on l'enrichisse.

Vous lui aurez accordé les immunités de la presse, l'intervention des tiers dans les listes électorales ; ce n'est pas assez, il lui faut toutes les places à la nomination du gouvernement , et quand elle tiendra les places , il lui faudra le gouvernement même.

La Sibylle endormit le gardien des enfers, en lui jetant son gâteau magique ; pour apaiser la rage du cerbère qui nous menace, il faudrait qu'elle lui jetât la terre et le ciel et l'enfer même. La révolution raisonne à merveille, et la légitimité raisonnerait encore mieux, en l'imitant dans ce genre d'intolérance ; car un grain d'erreur corrompt une masse de vérités, au lieu qu'un grain de vérité se perd dans une masse d'erreurs.

CONCLUSIONS.

Ennemi du verbiage, même académique, je me suis abstenu de ces développemens qui importunent les esprits supérieurs, et donnent souvent le change aux esprits vulgaires. J'ai écrit pour les hommes qui savent lire ; ceux-là trouveront d'eux-mêmes ce que je n'ai pas dit.

Nous sommes dans un temps de crise. La révolution, qui n'avait jamais reçu de coup plus terrible que le retour des Bourbons, a ramassé contre eux toutes ses forces et toutes ses ruses.

Car elle régnait, quoique enchaînée, avant qu'ils ne nous apparussent de nouveau ; elle régnait, puisque le soldat qui la maîtrisa quinze ans, n'était fort que par elle. Un moment consternée par la chute de son représentant, elle s'est peu à peu ranimée, elle a grandi à l'ombre de la clémence de nos rois, elle s'est glissée comme un serpent dans les esprits pour les fasciner, et jusque dans les institutions pour les dénaturer ; aujourd'hui fière d'une surprise qui lui vaut autant qu'une victoire, le serpent ose demander la part du lion.

C'était une grande pensée que cet établissement d'assurance mutuelle entre les rois contre la révolution; aussi n'a-t-elle jamais éprouvé de plus vive joie qu'au moment où il a paru s'ébranler. Elle comprend trop bien qu'il n'y a pas de mouvement en Europe, j'oserai dire dans le monde entier, qui ne doive tourner à son profit.

Heureusement toute espérance n'est pas perdue; il reste à l'Europe les Bourbons type de la légitimité, monument de sa puissance; il lui reste ce ministre si redouté des perturbateurs d'Italie, et qu'on pourrait nommer à bon droit le Fabius des cabinets.

Dieu n'a pas permis que le fougueux Éole déchaînât les tempêtes dont il nous avait menacés, et à sa place je vois celui qui dans une autre époque tira sa principale gloire de les avoir enchaînés.

Je ne veux pas expliquer toute ma pensée sur des événemens qui se passent à cinq cents lieues de nous; je dirai seulement qu'il n'est pas impossible que les événemens viennent resserrer le lien qu'ils paraissent destinés à rompre, même qu'il n'en sorte une alliance plus puissante que la première, soit par l'accession de nouveaux alliés, soit par une moins grande inégalité entre les forces diverses qui la composeront.

Puissent les pilotes des nations entendre la voix du passager obscur qui les implore pour eux-mêmes.

Le docteur LANTHOIS, *membre de l'ancienne Aca-
démie de Médecine de Paris, et comité d'émulation
de la même ville, annonce ses ouvrages.*

Deux volumes de 600 pages. Médecine pratique ancienne
et moderne, compilation liée par des chaînons non interrom-
pus, qui forment une bibliothèque générale, qui se compose
de toute la science des grands hommes de tous les siècles passés ; tous les choix sont remarquables, et la jeunesse trouvera
toutes les ressources de l'instruction, sans fatigue, sans dépenses, avec les auteurs nouveaux, avec toutes les gradations
et toutes les variations des nouvelles écoles et les progrès de la
science.

Deux volumes. Nouvelle Théorie de la Phthisie pulmonaire
avec un second volume pour les Traitemens divers qui doivent
se coordonner avec la théorie ; tous appliqués à l'extérieur ;
dont les effets héroïques opéreraient une action trop perturba-
trice et incendiaire ; la seule cependant qui soit capable de détruire l'élément primitif. La méthode interne se rapporte à
l'hygiène la plus sage et la mieux combinée pour les tempéra
mens divers. Les effets curatifs les seuls possibles sont exté-
rieurs.

Deux volumes. Physiologie, distribuée par leçons ; ouvrage exhumé du cours du professeur Grimaud, de l'école de
Montpellier, des cahiers du docteur Lanthois, son élève et
son ami.

Deux volumes. Réfutation de la Doctrine anglaise de
Clare, contre les injections dans la syphilis, avec la double
méthode par le mercure et les préparations d'or ; découverte
immense pour la guérison de ces maladies, par le docteur
Chrétien de Montpellier. Ce médecin célèbre, notre ami, fut
heureusement inspiré dans cette découverte fameuse. Inutile-
ment l'envie et la jalousie voudraient en diminuer le mérite ; il

l'a transmise généreusement au public; son humanité et son désintéressement l'ont répandue dans le monde entier, qui s'en applaudit; en voilà plus qu'il n'en faut pour imposer silence aux passions haineuses : ses ouvrages parlent pour lui.

Les bons livres répondent aux diffamations, aux outrages, aux injures, d'une manière honorable et sage; la postérité reconnaissante appréciera les pénibles travaux de ceux qui ont passé leur vie entière pour le soulagement de l'humanité. Les systèmes et les auteurs passeront, le temps en fera justice.

www.ingramcontent.com/pod-product-compliance
Lightning Source LLC
Chambersburg PA
CBHW070856280326
41934CB00008B/1460